Why Does Not Spring Come?

なぜ春はこない？

経営コンサルタント
神田昌典 著
Masanori Kanda

アストロロジャー
來夢 監修
Rime

実業之日本社

なぜ春はこない？　目次

なぜ春はこない？

装丁／和田達哉
（パーセプション）
イラスト／市川美里

冬の章

新しい世界のはじまり

あなたは、自分の未来が分かるとしたら、どうします？

「未来なんて、分からないほうがいい」

「占いなんて、気休めじゃないの……」

あなたも、そう思われますよね？


実は、私も占いを信じていないのです。

この本は、占いを信じない人が書いた、変な占いの本なのです。

私はビジネスの専門家。占いとは最も縁が薄い存在です。

ですから本音を言うと、こんな本は書きたくなかったのです。

だって**占いの本を書いている経営コンサルタントなんて、胡散《うさん》くさい**からね。ヘタすれば、「こいつの書いたビジネス書は信用ならないから、もう買わない！」と、私の本が売れなくなってしまいます。

でも、これから話すことは、ビックリするほど役に立つことなのです。

この話を知ると知らないとでは、着地できる人生のレベルがまったく違ってしまう。

だから、あなたに内緒にしているわけにはいかなかったのです。

「えっ？　どんなことに役立つんだって？」

よくぞ聞いてくれました。お教えいたしましょう。

ズバリ、この本を読むと……

・人生の流れに乗れるようになり、運がツキ始めます。
・あなたの現在、そして将来の課題が分かるようになります。
・過去のバラバラの体験がひとつの物語につながってきます。
・自分がいま生きている意味が分かります。

運がつくといっても、人生には山があれば谷もあります。

残念ながら、その山や谷をなくすことはできません。でも、その道のりをスムーズに、楽しくすることができます。

いままでは地図なしで、人生の山登りをしていましたよね。だから行く先々で思わぬ障害にぶつかりました。

この本を読み終わるころには、あなたは、**ご自分の人生マップを手にする**ことになります。

自分が生まれる前に描いた設計図に、再び出会えることになります。

その結果、あなたに用意された課題が、事前に分かるようになります。

そして**人生の新しいステージへ最短距離で向かう**ことができるようになるのです。

「また調子のいいことばっかり言って。どうせ嘘でしょう！」

あなたが、そう感じられても、いまは仕方がありません。なんせ、こんなに薄い本ですから……。

確かに、薄い本です。でも、内容は濃いです。

これからお話する内容は、私が何千人もの経営相談に応えて分かってきた法則。そして、監修者のアストロロジャー（占星術師）・來夢《ライム》先生が何千人もの人生相談をこなして見えてきた法則がベースになっています。來夢先生と私が、ここにたどりつくまでに五年の歳月がかかり、そして何百本ものビールとワインが空けられました。

自分の未来が「春夏秋冬理論」で予測できる！

これからお話する「春夏秋冬理論」は、二〇〇二年八月二十三日、突然、私に降ってきました。

家族との休暇で、伊豆に海水浴に行ったときのことです。休暇とは名ばかりで、私は本の執筆に追われていました。

ホテルで朝四時に起床。子供が起きる前に、少しでも原稿を進めようと思ったのです。

締め切りを大幅に過ぎているので、一刻も早く仕上げなければならない。しかし執筆するうちに、ふっと思いついたアイディアに頭が奪われてしまいました。

「一刻も早く、原稿を書き進めなければならない。でも書くことができない……」

このジレンマと、しばし格闘を続けました。しかし、あまりにも、そのアイディアからの誘惑が強すぎます。

私は執筆をあきらめました。そして、、、、ある作業に没頭したのです。

ある作業とは、自分の「未来予測」です。

自分の未来が、「成長カーブ」で予測できるのではないかと考えたのです。

私は、事業の将来性を予測するのに使われる成長カーブを、自分の人生に当てはめてみました。あとで詳しく説明しますが、成長カーブは、ビジネスがいつから儲かるのか、あるいは儲からなくなるのかというサイクルを、高い精度で予測する経営分析ツールです。

私は人生にもサイクルがあると考えました。

人生のサイクルを十二年と仮定。そして十二年を三年ごとに四等分し、それぞれを仮に「春」「夏」「秋」「冬」いう季節になぞらえました。

検証するために、私は自分の過去を遡《さかのぼ》ってみました。自分の年表を作り、三年ごとに区切って、季節を割り当てていきました。

そして過去に起こったことと、春夏秋冬の特長を見比べてみました。


すると、なんと**過去から現在に至る道のりが、見事に説明**できてしまったのです!

「なんて無駄に過ごしてしまったんだろう」と後悔していた過去が、実に完璧なタイミングで起こっていることに気づかされました。

また春夏秋冬に色分けされた年表から、私の現在、そして**二~三年後には、どのようなことが課題になるのかが見えた**のです。

いままで単なる偶然の連続のように思えた過去・現在・未来。それが、ひとつのラインでつながれた。

あたかもジグソーパズルが、目の前でパタパタと完成していくような感じでした。

あまりにも見事に当てはまったので、まずは自分自身を否定しました。

「嘘だろう~。こんな簡単に説明つくはずないじゃん」と。

でも、この「春夏秋冬理論」は仮説としては面白いと思ったので、私はさっそく、この発見を二枚のメモにまとめて、クライアント約一千人にファクスしました。九月三日のことです。

一ヵ月後。

大袈裟に聞こえるかもしれませんが……世界が変わっていました。

出会う人々の使う言葉が変わっていたのです。

「なんだ冬だったのか！　試行錯誤でいいんだな」

「そうか！　いまは夏なんだ。バリバリやるぞぉ」

「来年から秋らしい。あと半年のあいだに、体制を整えないとね」

このような会話が、私のクライアントから始まり、その奥さん、子供に伝染。さらには友人へと急速に広がっていきました。

この「春夏秋冬理論」のベースになったのは、**事業の将来予測だったのですが、それを人生に当てはめると予測ではなく、占いになります。**そこでアストロロジャーの來夢先生に、占星学の観点から検証してもらいました。

「これまで私が見てきた何千人と検証してみたよ。そしたらね、あなたの言っていることって、怖いほど当てはまるよ」

こうして経営学と占星学が出会うことになりました。

その結果、オギャーと生まれた子供が、この本です。

どんな学校でも教えない、重要な予測法

「当たる」「当たらない」の占いは、私――そして來夢先生ご自身もまた――あまり好きではないのです。

占いに囚《とら》われ、がんじがらめになっている人が多くいます。

本来、**予測とは自分の将来を自由にするために使われるべきだ**と思います。

囚われてしまっては、不自由になるばかり。本末転倒です。

「占いは天気予報のようなもの。雨が降るなら、傘を持って出かければいい」という來夢先生の名言があります。

雨が降ったからといって、出かけるのをやめる必要はないということです。

ぴちぴちちゃぷちゃぷランランランと、楽しく過ごせるように考えればいいのです。

いまからお話することは、「当たった」「当たらない」の占いではありません。

あくまでもあなたの人生を自由に、そして豊かにするための、ひとつの情報です。

・仕事がうまくいかないとき
・リストラされたとき
・人間関係で悩んでいるとき
・恋人と別れようと思ったとき
・育児に行き詰まったとき
・独立しようと思ったとき　などなど。

判断に迷ったときに、行き詰まったときに、パチンと本来のあなた自身を取り戻すための知識です。

「春夏秋冬理論」は、あくまでも仮説。

もちろん、大切なあなたにお伝えするのですから、充分な裏づけをとっておりますが、科学的に一〇〇パーセント検証済みではありません。

否定しようと思えば、簡単に否定できると思います。

ですから、ここに書かれていることを信じるか信じないかは、あなた次第です。

実を言うと、信じてもらわなくてもいいのです。

「ふ～ん、こんな考えがあるのかぁ」と知っていただくだけで、あとは忘れていただいてもいいのです。

その理由を説明しましょう。

先日、ある経営者からメールをいただきました。

「春夏秋冬理論」を聞いた当初、「こんなこともあるのかなぁ。俺には関係ないなぁ」と彼は思っていたそうです。

彼は最近、ひとつの事業を手放しました。

そのとたんに商品価格が下落。大手顧客がライバル会社に流出。

「続けていたら、大変だった」と真っ青になったそうです。

そこで、改めて検証してみると、彼は、知らず知らずのうちに、春夏秋冬のリズムに基づいて行動していたことがわかったのです。

「億万長者は、占星術を信じない。しかし……大富豪は、活用する」

一時的に億万長者になるくらいなら、理屈だけでもできます。しかし継続的に、成功し続けるという大富豪レベルになると、**理屈を超えた世界で判断**しているのです。

次の章からは、どんな学校でも教えない、とても重要な予測法を学ぶことになります。

簡単ですが、とてもパワフルです。

それでは、新しい世界にご案内いたしましょう。

春の章

まずは、成長カーブについて知っておこう。

成長カーブは「世界の七不思議」である

世界の七不思議を挙げろと言われれば、
私はＵＦＯよりも、成長カーブの存在を挙げます。

なぜなら、成長カーブというツールを使えば、ビジネスそしてあなたの人生を予測できるからです。

その結果、収入はアップ。人生における失敗は少なくなる。

ＵＦＯは活用できないが、成長カーブは即効性がある。

しかも小学生でも使えるほど簡単。

こんなに素晴らしいツールが、ほとんど使われていないこと。それが不思議なのです。

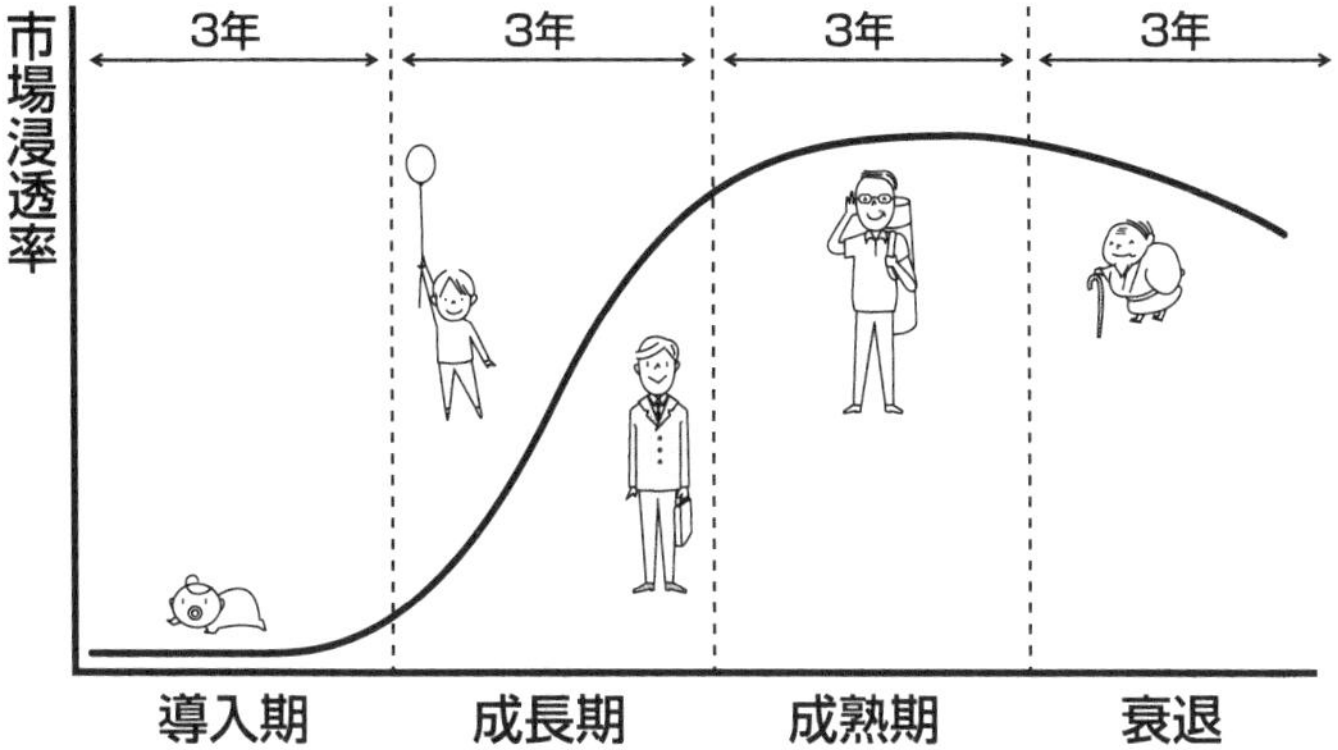

成長カーブを理解することにより、あなたは水晶の玉を手に入れることができます。

大袈裟に思えるでしょう。でも私は真面目です。ですから、お金儲けやビジネスに興味のない方も、ちょっとお付き合いいただき、ビジネスの成長カーブについて学んでみましょう。あとで、あなたの人生にも応用できますから。

これだけ知っておくだけで、**学生や主婦のあなたでも、「儲けのセンスあるねぇ」と大経営者から目を丸くされる**はずです。

成長カーブを書いてみると、こんな感じになっています。

ビジネスの発展過程をたどると、このようなカーブになるんです。

ビジネスの成長は、人間の成長と似ています。

人間は、子供から青年になって、そして熟年の時代に入りますよね。

同じように、ビジネスにも、子供の時期、青年の時期、老年の時期があるのです。

経営の教科書では、これを導入期、成長期、成熟期と呼んでいます。

成長カーブというのは、実は、アメーバやウサギが増殖し、衰退していくパターンと同一です。仏教でいう生々流転《しょうじょうるてん》の法則で、なんにでも当てはまる普遍的現象です。

この成長カーブっていうのはね、経済学とか経営学とかを勉強すると、ほんの教科書一ページぐらい出てくるんです。でも「三つの時期があるんだよ」と説明するだけで、肝心の活用法については、ほとんどページを割かれることがないんですね。

つまり教科書では、あまり脚光は浴びてこなかった、可哀相《かわいそう》な存在。

ところが、このひとつのカーブに隠された英知を知ると、あなたも未来が語れるようになります。

成長カーブから学べること

このカーブからいったい、どんなことが読み取れるのでしょうか？

簡単に、言いますね。

早くブームになったものは、早くブームが去るということです。

重要なので、もう一度、言いますよ。

早くブームになったものは、早くブームが去る。


『ダンゴ三兄弟』という歌がありましたよね。

〽ダンゴ、ダンゴ、ダンゴ、ダンゴ　〽ダンゴ三兄弟、ダンゴっ〽という歌です。

この曲は一瞬にして、大ヒット。一時は凄くて、街じゅうがダンゴ一色。本は出るわ、キャラクターグッズが出るわ。

いままで一串四個だったダンゴ屋さんも、一串三個に変える。

ダンゴ三兄弟の楽譜が書店で売られるなんていう、信じられない光景を目にしました。

しかしブームになるのが早かっただけに、消えるのも早かったですよね。


同じような例で、「たまごっち」というオモチャがあります。

ダンゴ三兄弟と同じように、急速にブームになり、急速に消え去りました。

一時はプレミアムがつくほど売れていましたが、最後は、数百万個もの在庫の山。

結局、いままで売れた利益がすべてなくなってしまいました。


逆に、売れるまでゆっくりだったものは、長く売れ続けます。

たとえば、天童よしみという演歌歌手がいます。

天童さんは、下積み時代が非常に長い。一九九三（平成五）年に紅白歌合戦に出場するまで、デビューから二十二年かかっています。ですから一発屋に終わることなく、いまも国民的スターとして、息長く売れ続けています。


急に売れたものは、急に売れなくなる。

ゆっくりと売れてきたものは、長く売れ続ける。

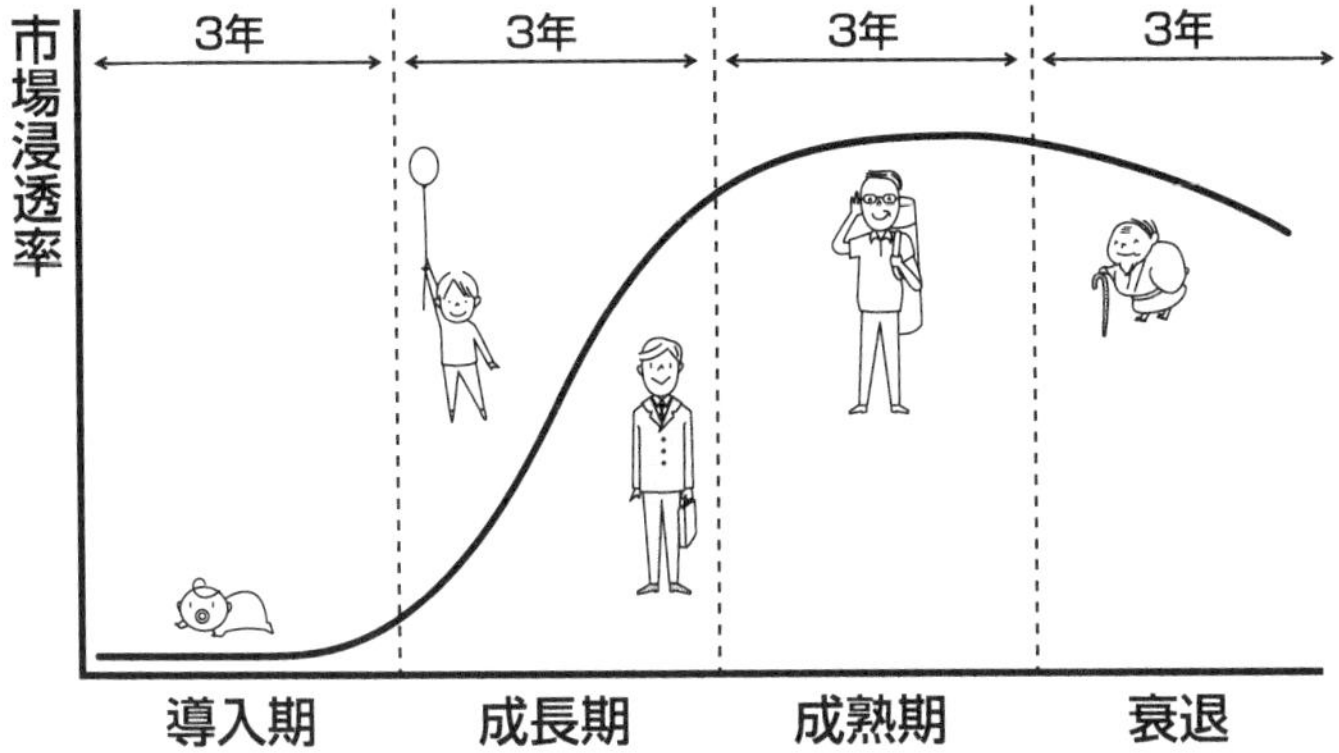

言われてみれば、当たり前のことですが、この法則を知っておくと、いつまで商品が売れるのか、いつ売れなくなるのかを予測できてしまうのです。

予測方法は簡単です。小学生でもできます！

じっと成長カーブを見ていると分かるのですが、実は、**導入期、成長期、成熟期の三つの期間はそれぞれ等しく**なります。

たとえば、導入期が三年だったら、成長期も三年、成熟期も三年になるのです。

言い換えると、子供の時期が三年だったら、青年の時期も三年、老年の時期も三年ということです。ですから、**なんと子供から青年になるまでの期間が分かれば、その事業がいつまで伸び続ける**

のかが予測できます！

欲求が成長をつくっている

例をあげます。

レーザー脱毛というのがあります。エステのチラシでよく宣伝されていますね。

ある地域で、この商品について分析しますと、二〇〇〇年が最適な参入チャンスであって、二〇〇二年には集客が困難になることが予測できました。

導入期のはじめは、同じ地区内で、いちばん先にライバルが販売開始した年。

成長期のはじめは、同一年度で一気にライバルが数社増えて、価格が下がり始めたとき。

そこで、二〇〇〇年－一九九八年＝二年。

この年数が成長期の年数になるから、成長期は二〇〇二年夏まで続くことが分かります。とすると成長期のピークは、二〇〇一年夏にくることが分かりました。

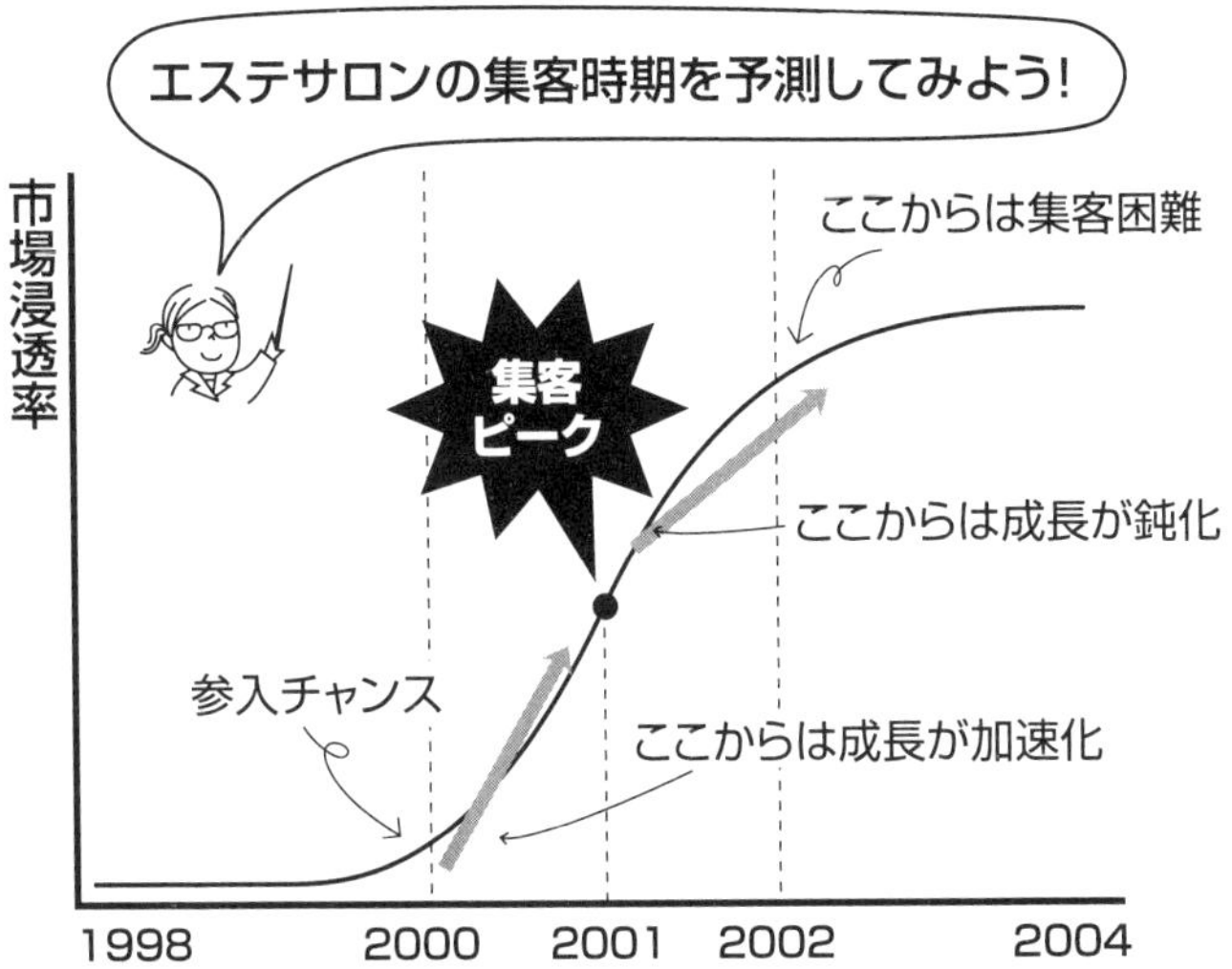

実際に、この予想はぴったり当たりました。

その結果、一九九九年に開店したあるエステサロンの店主は、三年分ぐらいの顧客数を数ヵ月で獲得できました。でも、その後は、どんなにチラシを出しても、さっぱり新規客は来なくなってしまったのです。

新規客は来なくなってしまいましたが、そのことがすでに予測できていた店主は、既存客へのサービス強化策を打ち出した結果、**いままで集めたお客さんが、この店のファンになってくれた**ので、売上はどんどん伸びています。

「このタイミングを知らなかったら、いまごろは店を閉じなければならなかった」

振り返ってみて、店主はほっと息をついています。

ではいったい、どうして成長カーブを使うと、お客が集まる時期が予測できてしまうんでしょうか？

その理由は、成長カーブの縦軸を売上に変えると、統計上の正規分布になるからです。


「し〜ん」


ごめん。これじゃ分かるはずないですよね（︵︵；︶︶）。

忘れてください。

別の方法で説明してみましょう。

成長カーブとは裏返しに見ると、欲求カーブだからです。

つまり欲求が成長をつくっているということです。

そりゃ、そうです。

欲求がなければ、モノを買いません。ですから欲求が消費を生む。そして、その消費を足し算していけば、成長カーブとなります。

つまり成長カーブ＝欲求の総和なのです。

欲求は感情ですから、どんな人が、この市場をつくっているかで決まります。とすれば、**成長カーブは、その市場を構成している人間の感情を映す鏡**であることが分かります。

次ページの図を見てください。

これはどのように商品が広がっていくかを表しています。

市場が百人の村だったら……

分かりやすく説明しますね。

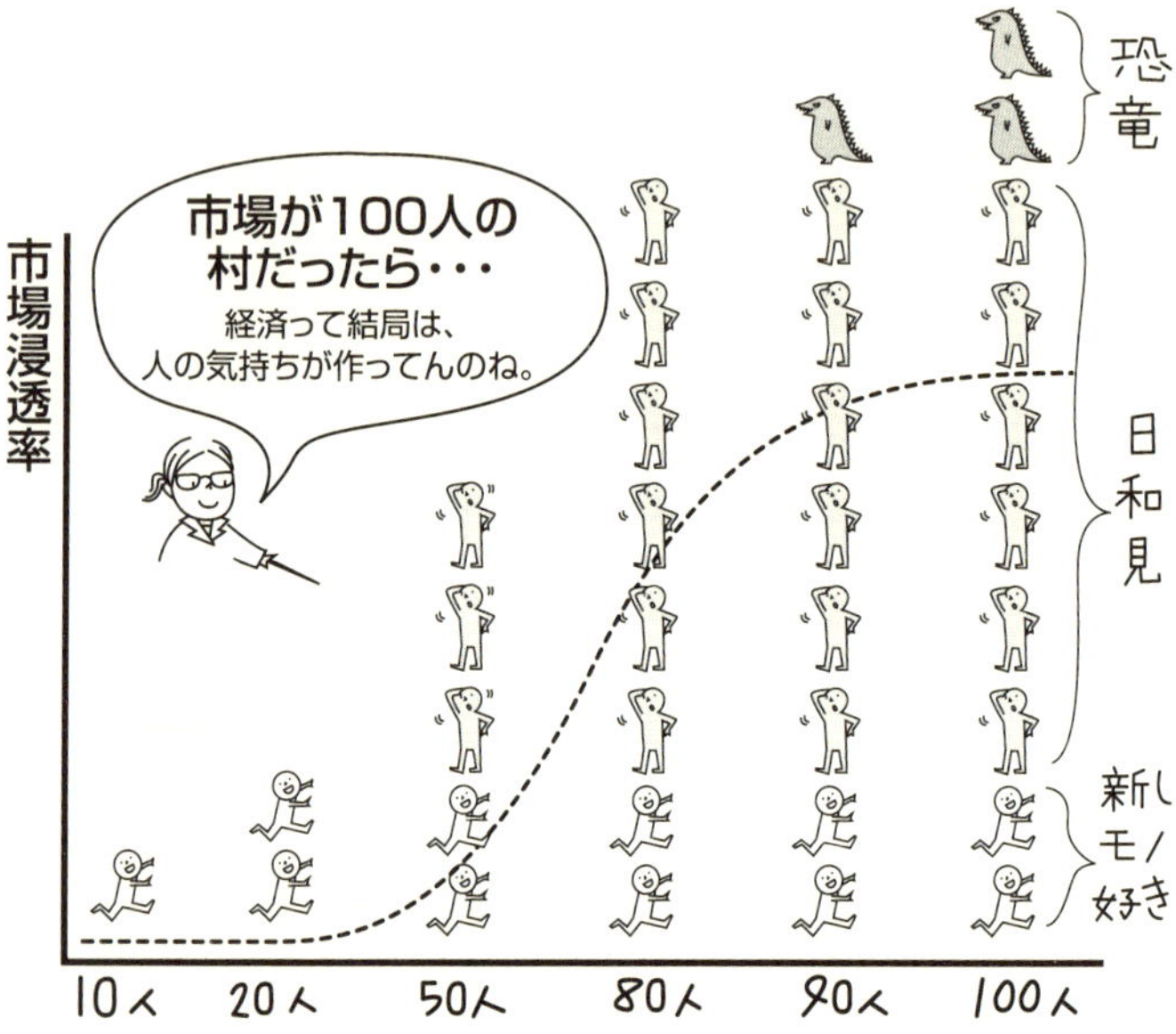

百人の市場があったとしましょう。

その二〇パーセント、すなわち二十人は「新しもの好き」です。この「新しもの好き」の人たちは珍しいものが好きですから、新しい商品が出ると、率先して購入します。「新しもの好き」は、年齢が若い人に多いです。

次に、「新しもの好き」が買うのを見て、安心して購入する人が六十人ぐらいいます。

この人たちは「日和見《ひよりみ》」と呼ばれています。

そして、最後の二十人は、とにかく変化が嫌いな人たちです。最後まで新しいものを受け入れるのに抵抗します。この人たちは、「恐竜」と呼ばれています。年代的には、一般的には年配層になりますが、もちろんご年配でも、気持ちが若い人は「新しもの好き」になります。

つまり人口的には、百人いたとすると、約二十人が「新しもの好き」、約六十人が「日和見」。残りの約二十人が「恐竜」となります。

不思議なことに、この比率はどんな国でも、どんな市場でも、あまり変わることがありません。

新製品が発売されると、「新しもの好き」人種から、「日和見」に伝染して、そして最後に「恐竜」に伝染していきます。新しいものに飛びつく人種から保守的な人種へと、さざなみが広がっていくように伝達されていくのです。彼らの感情を足し算して描かれたものが欲求カーブであり、それが成長カーブをつくっているわけです。

とくに、六十人の「日和見」が動き始めると、市場はぐんぐん成長します。

この人たちは、**隣の人が持っていると、自分も買う**というきわめて分かりやすい行動をします。だから一度、「日和見」が動き出すと、二十一人目から六十人目が購入するまで、その動きは止まりにくいことになります。

スピードを上げた自動車は、ブレーキを踏んでも急には止まれないのです。

このように考えると、無機質に見えた経済成長というのは、実は、私たちの集合的な心を映し出す鏡であることがよく分かると思います。

この知識を持っていると、世の中の出来事の予測が、面白いほどできるようになります。

たとえばユニクロ。イトーヨーカ堂の利益を抜いたと新聞で大変話題になっていたころの話です。

お店に行くと凄まじいありさま。お客が溢れるほどです。

株価は急上昇。誰もがユニクロのこれからの成長を感じていました。

ところが、いったい誰が買っているのかとよく観察すると、五十代・六十代のおじさん、おばさんが袋を持っている。

賢い人たちは、この状況を見て、ユニクロの株を売却し始めました。

なぜでしょう？

五十代・六十代が買っているということは、「恐竜」と言われている世代が動いていること。つまりユニクロの事業が成熟期に入ってきたことを示す兆候です。

成長カーブの知識を持っている人は、こう思います。

「あぁ、もう成熟期に、この会社も入っているんだぁ。そろそろ低利益になるから、いままでのように一本調子で株は上がらないだろう」

するとその後、間もなく、ユニクロも過去のような高成長率が得られなくなり、株価も急落していったのです。

いまの日本が不景気な本当の理由

いま日本の産業を見ると、ほとんど成熟期（もしくは衰退期）に入っています。

成長期では、事業で得られる収益の八〇パーセントから八五パーセントが稼げます。

逆に言えば、その他の時期では七・五パーセントから一〇パーセントしか稼げません。

一枚のピザを考えてみてください。

成長期のはじめは、そこにピザがあると気づいた人は、ほんの二〜三人です。一枚のピザを二〜三人で分けようとしているので、腹いっぱい食べることができます。ピザは、まだ充分余裕があるので、お互い譲り合います。

このとき、ピザに手を伸ばしている人たちは、「おいしい、おいしい」とみんなニコニコ。**パーティは楽しい雰囲気で包まれています。**

ところが時間がたって、成長期の半ばともなると、七〜八人くらいがピザに手を出し始めるようになります。でも、そのときにはピザは半分しか残っていません。

そこで争って、相手を打ち負かして、自分が食べる分を多くしようとします。耳を澄ますと、「食事の量が少ない」と不平や不満が聞こえてきます。**パーティの雰囲気は、殺伐としてきます。**

さらに成熟期になると、ピザはあともうひと切れしか残っていません。

にもかかわらず、遅れてパーティ会場に着いたふたりがピザに手を伸ばします。つまり合計十人が、そのひと切れをめぐって争うことになるのです！

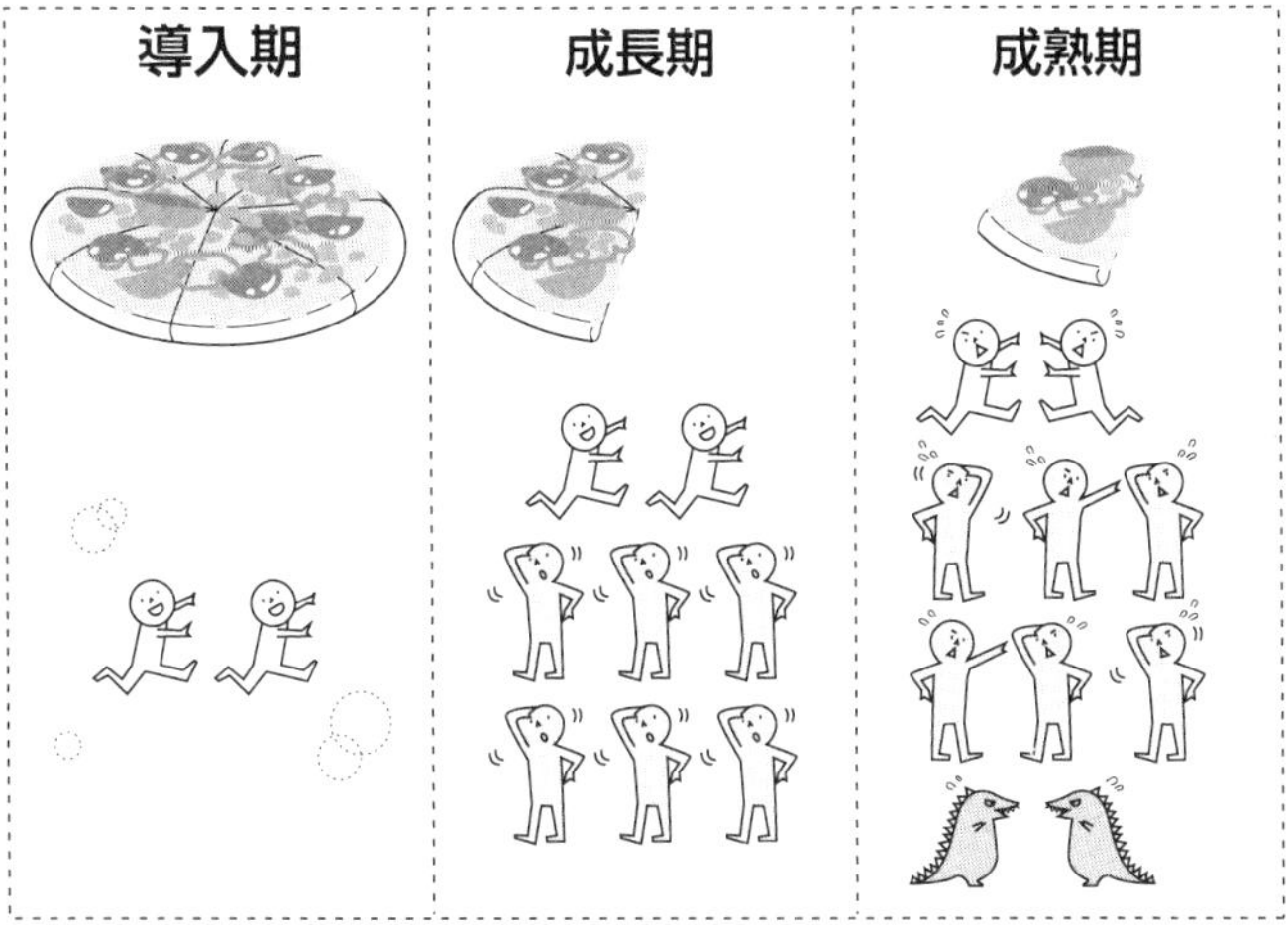

パーティどころではありません。お互いだまし合って、できるだけ多くを食べようとします。**殺気立って、まさに戦争に突入です。**

どうです？
日本が不景気な理由が分かったでしょう？
単純なことです。
ほとんどの産業が成熟期に入っているからです。
いままでは経済全体が成長期でした。ですから楽しかったのです。
でもその成長期が九〇年代に終了。
いまでは成熟期に突入しています。
前世代が作り出したピザの最後のひと切

れを、日本中で取り合っていることになります。

「暗いなぁ。日本の産業がほとんど成熟産業になっちゃっているんでしょう？　それじゃ、もうどうしようもないんじゃない？」

そう、お感じになるかもしれません。
でも、あきらめる前に、ちょっと待ってください。
ひとつ話し忘れたことがあるんです。
ピザがなくなったら、**新しい食べ物を作ればいい**のです。

成長カーブは、成熟したらおしまいではありません。
実は、新しい成長カーブを描くことが大事なのです。
例を挙げましょう。
コンピュータ業界の成長カーブを見てください。

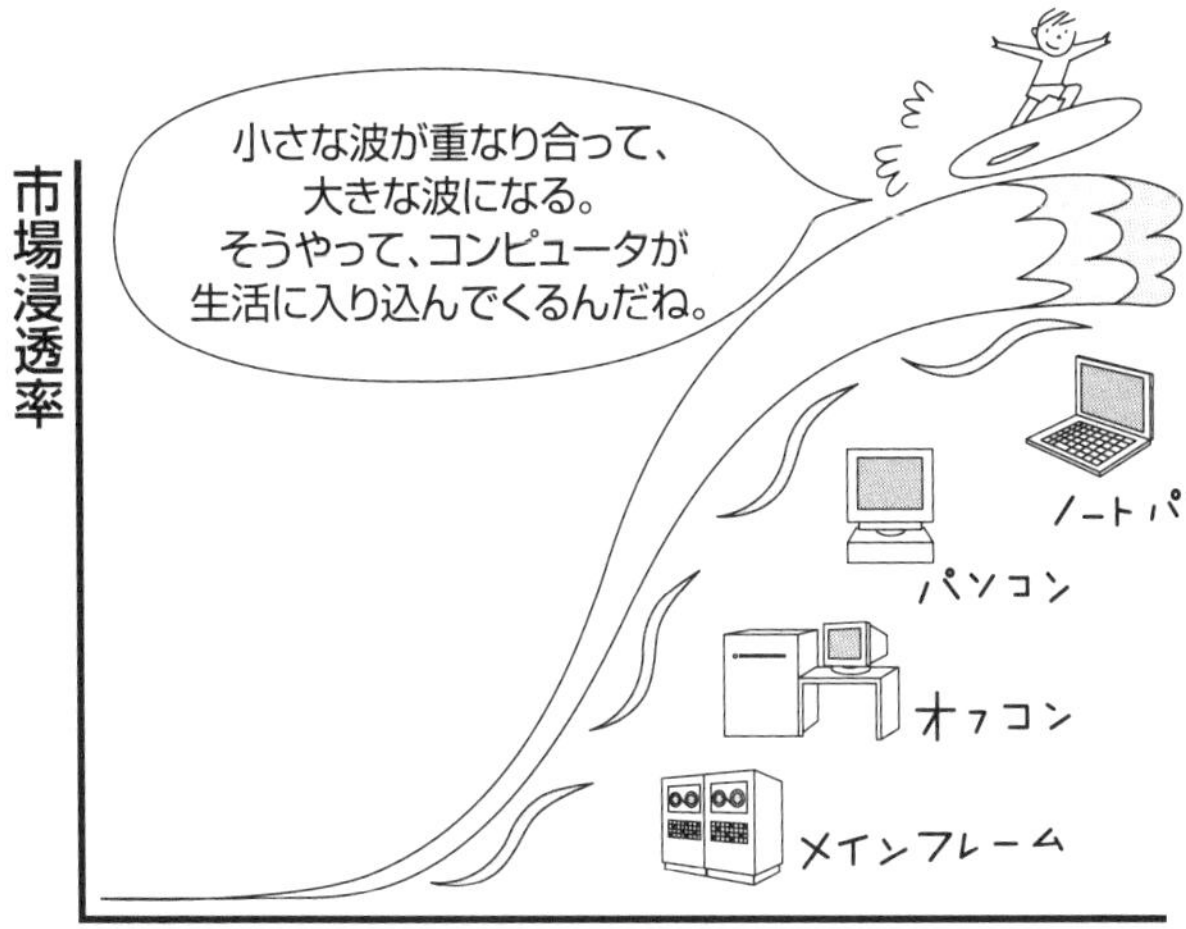
市場浸透率
小さな波が重なり合って、
大きな波になる。
そうやって、コンピュータが
生活に入り込んでくるんだね。
ノートパソコン
パソコン
オフコン
メインフレーム

はじめは、メインフレームがあって、次にオフコンの波がきます。

その次に、パソコンがあって、さらにノートブックの波があるのです。

このように波が押し寄せるように、新しい成長カーブが描かれ、コンピュータが生活のなかに徐々に浸透していくわけです。

新しい成長カーブが描かれるのは、多くの場合、既存の事業（または商品）の成熟期に始まります。

ですから既存事業が成熟しているということは、**新しい成長カーブが生み出される時期に私たちがきている**ということです。

このような時代で成功する会社とは、次

から次へと新しい成長カーブを描ける会社なのです。

いつまでも、前世代が作ってくれたピザにしがみつくのではなく、新世代が新しい、おいしい食事を作る時期にきているんです。

究極の成功法則は「波に乗る」こと

私は年間一千件を超える経営者からの相談にお答えしてきました。
その経験から、究極の成功法則は何かと聞かれたら、どう答えるでしょうか？
もちろん学歴ではありません。
能力でもありません。
財力ですらありません。
答えは、波に乗ること。
もちろん一回だけ成功する方法――つまり一発屋になるためには、いろんな方法がありますよ。

でも**長期的・継続的に成功するかどうかは、成長カーブの波に乗れるかどうか**で決まってきます。

波に逆らっていては、海に落ちるばかりです。でも**波に乗っていけば、最短時間で、スムーズに前に進める**のです。

いま乗っている成長カーブの波を乗りこなすことができれば、次の波にも乗り移りやすくなります。

波に乗れるかどうかというのは、新しいものを追い続けることとは違います。古きものを捨てるのではありません。**いままでの経験、先人の知恵を大切にしながら、その一歩先を進む行動**です。

これは会社にだけ当てはまるものではありません。あなた自身にも当てはまる法則です。

あなた自身が、どう波に乗るか、ということは、もう少しあとで話します。

いまは、ビジネスにおいて波に乗るとはどういうことなのか、考えてみましょう。

うまく波乗りするためには、**必要な時期に、必要な課題をクリア**し、前に向かって進むことが必要です。

「必要な時期に、必要な課題？　なんだかよく分からないなぁ。もっと具体的に言ってよ」

はい。分かりました。

それでは、もっと分かりやすく説明するために、もう少し成長カーブを詳しく説明しますね。

成長カーブをより直感的に理解するためには、私たちがよく知っているリズム、**春夏秋冬という季節のサイクルに分けて考える**とよくわかります。

まず、次のイラストを見てください。

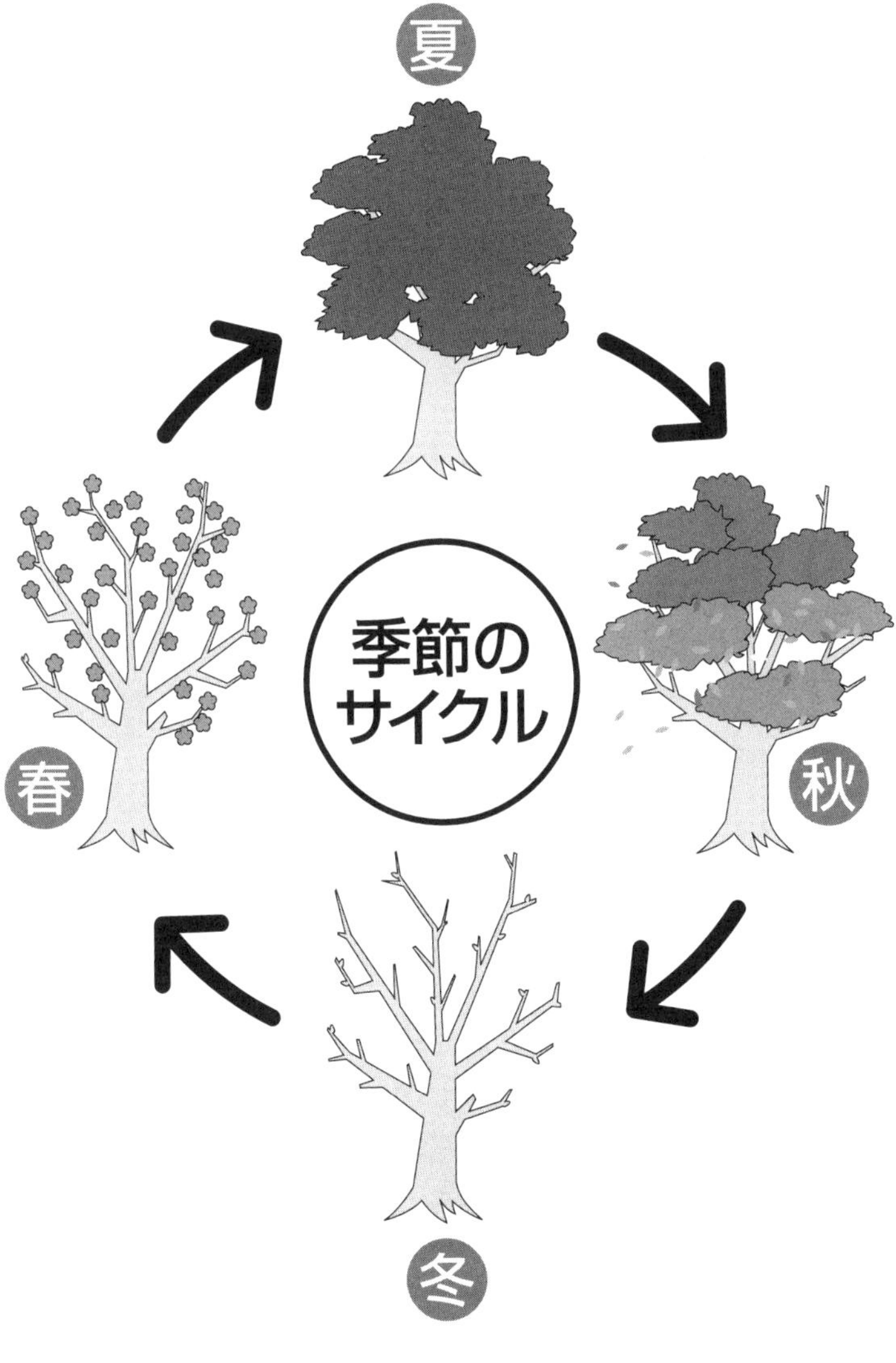
夏
秋
冬
春
季節の
サイクル

いままでは、成長カーブを導入期・成長期・成熟期と三等分して説明してきました。

今度は、もっとカーブの特長を直感的に把握するために、四等分してみます。

そして、ひとつひとつに「春」「夏」「秋」「冬」という名前をつけてみましょう。


それぞれの季節は、その時点の成長カーブの特長を表します。

季節ごとの特長を表すキーワードを挙げてみましょう。

冬　新たな始まり、発想、試行錯誤、低収益、定着
春　方向性が定まる、やっと芽が出る、投資が必要
夏　追い風、「売って、売って、売りまくれ！」、コントロール不能、管理強化
秋　収穫、反省、縮小・リストラ

いかがですか？　季節という身近な流れに置き換えてみることによって、成長カーブという考え方が、より実感できたのではないでしょうか。

それでは、今度は順番に、それぞれの季節の特長をお話しましょう。

これが分かると、あなたの人生や会社はどんな時期にいるのか、そしてどんな課題に直面しているのか、把握できるようになります。

冬

あなたにとって、冬とはどんな印象ですか？
多くの人は勘違いします。
冬は暗くて、最悪の時期だと。
不景気で、いつまでたっても先が見えないという印象を持ちます。
でも実際には、冬は悪い時期ではありません。
クリスマスがあったり、お正月があったりして、結構楽しいのです。

ビジネスの冬は、いままでの技術や商品が成熟して、老化が進み始める時期です。ピザは一切れしか残されていませんから、腹いっぱいになることは至難の技。ビジネスは低収益になりますから、確かにその意味では大変です。

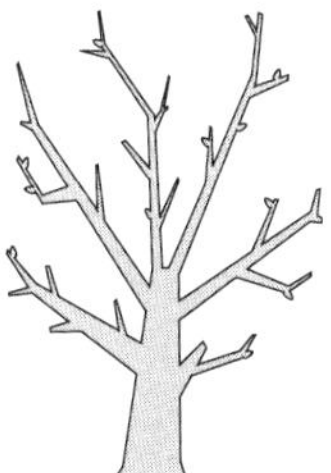

ですが、冬はスピードが落ちますので、立ち止まって考えることができます。その結果、アイディアがどんどん湧いてきます。**新しい技術・発想・商品を実験するには最適なタイミング**です。

アイディアを実験する。つまり冬は、種撒《ま》きの季節なのです。

撒いた種のなかには、芽が出るものと出ないものがあります。

でも、それでいいのです。

なぜなら十の種を撒いたとしても、そのひとつでも芽が出れば、たくさんの果実を実らせることができる。そしてその後、何年も食べていくことができるからです。

ビデオデッキが出始めのころ、いろんなスペックが出ましたね。VHSもあったし、ベータもありました。いろいろな形のビデオデッキが開発されては、消えていきました。

このような試行錯誤の段階を経ないと、春はこないのです。

ですから、この時期には、**あえて自分で、数多くの小さな失敗をしておくことが、実力につながります。**

どんな天才でも、十の新しいことをやれば、七〜八は失敗します。だから、大きな失敗ではなく、小さな七〜八の失敗をするようにするのです。

問題なのは、失敗を恐れるばかりに、七〜八の失敗を躊躇《ちゅうちょ》することです。撒いたすべての種から芽が出ることがありえないように、失敗しなければ成功はありえません。

この時期には、アイディアを実験し失敗を恐れないことが大切なので、**起業家が活躍**します。試行錯誤を繰り返すので、製品寿命は短くなります。

また**願望や目的を明確化することが重要です。**なぜなら願望や目的がはっきりしないと、脳の構造上、アイディアや発想が浮かんでこないからです。

ですから、自分の「やりたいこと」「やりたくないこと」を見直すことがひとつの課題となります。

冬は季節サイクルの終わりです。商品・事業が老化して、死に向かいます。

同時に、冬は誕生。すべての始まりです。

木々を見ると、すでに葉は散ってしまっていますが、芽が堅く閉じていることが分かります。つまり何もない時期ではなく、すでに次の時期、すなわち春への準備を始めているのです。

冬も終わりに近づくと、どの種から芽が出て、どの種から芽が出ないかだんだん見えてくるようになります。どのアイディアが市場で成功するかがはっきりしてくるのです。

このときに、普段からエネルギーの高い人は、元気いっぱいに走り出してしまいます。すると事故に遭いますので気をつけてください。

たとえば、「これはいける！」と走り出したビジネスが、蓋を開けてみれば、「品質がめちゃくちゃ」「市場にはニーズがなかった」ということが頻繁に起こります。

ですから冬の終わりには、進むべき方向が見えてきたと思っても、焦らずじっくりと準備を整えていくことが大切です。

芽が出た種が、春に向かって、しっかりと土に定着するまで待ってください。

春

いよいよ待ちに待った春です。やっと芽が出てきます。気分もワクワク。まだ成長軌道には乗っていませんが、「これでいこう！」という確信が生まれています。

次第に、仕掛けたことが当たってきます。事業は、売上が上がり始めます。しかし投資がかかりますので、まだまだ充分な利益は上がりにくい状況です。

あなたを認める人もいますが、少人数。新しいもの好きの人たちです。この人たちが、あなたのサポーターになってくれます。サポーターは、新しいものを発見し、育てていくことが楽しいのですから、クオリ

ティが多少低くても、ガマンしてくれます。電話の応対が悪くても、品質に若干問題があっても、助けてもらえるのです。

春は、気分も高揚しているので、二十四時間、三百六十五日働きづめになります。休みはほとんどありません。ですが、**努力が最も報われるとき**になります。

なぜなら飛行機と同じように、ビジネスも一度離陸してしまえば、あとはそれほどエネルギーをかけなくてもよくなってくるからです。反対にこの時期に努力を惜しんでいると、事業が離陸できません。

アイディアを形にして、成果を上げる時期なので、**実務家が活躍**します。製品スペックが比較的安定してくるので、製品寿命は長くなり始めます。

冬は願望が大切でしたが、春は目標の重要性が高まります。願望が長期的視点（五年〜十年）のゴールなのに対して、目標というのは短期的な視点（一年〜二年）のゴールです。

エンジンをスタートしたので、**どこに、何時までに行くのか決定する**必要があるのです。

春には、芽が出たアイディアを大事に育てることが大切です。

間違ってしまうのは、せっかく芽が出たのに、それに気づかないことです。

その結果、目移りして、まだ種を撒き続けてしまう人がいます。職人的傾向の強い人がこの間違いを犯します。

面白いアイディアをどんどん形にする。**商品がどんどんできる。でも売っている時間がない**という具合です。

発明家にお金持ちがいない理由が、これです。

アイディアが実務と出会って結実すると、ビジネスが本格的に回り始めます。

そして、いよいよ夏に突入していきます。

夏

夏は、高速道路を時速三百キロで飛ばすスポーツカーのようなものです。

コントロールがききません。

あなたの商品に対する欲求がどんどん勝手に伝染してしまうのです。あなたはどんどん高みに巻き上げられてしまいます。しかし、これは**あなたの実力とは関係ありません。**

上りのエスカレーターに乗っているようなものですから、日々の仕事をこなしているだけで、売上はどんどん上がってしまいます。

この時期を表現するキーワードは、「売って、売って、売りまくれ！」となります。

とくに夏の前半までは、躊躇してはなりません。売り尽くすわけです。

経営者も社員も、新しい発想は必要なくなります。

とにかく来た注文をさばいていればいいのです。ですから、この時期は新しいものを生み出すというよりは、来た注文を管理するほうが大切になります。

お客さんは、もはやあなたのサポーターではありません。新しいものが好きなのではなく、安定した品質、価格に見合った価値を求めます。そのため期待されるとおりのクオリティを保ちつつ、均質なサービスを心がけ、ミスをしないということが重要になります。

ですから、夏になると企業は管理を強化します。

冬は、発想力のある起業家。春は、アイディアを形にする実務家。

そして、**夏は、日々をスムーズにこなしていく官僚が活躍し出す**のです。

「夏はいいなぁ。頭を使わなくても、売上が上がるんだから」

そう、思いますよね。

でも、そこが**落とし穴**なのです。

たいていの会社は、予測が不充分なために、このタイミングに合わせて適切な体制を整えることができません。

商品が供給できない。適切な人材がいない。注文が処理できない。

こうなるとお客は怒るわけです。クレームになります。

そのクレームを毎日受けるわけですから、人事サポート体制がしっかりしていない会社は、社員の定着率が悪くなります。小さな会社では、**社員が欠勤気味になったり病気がちになったり**します。

さらに悪いことがあります。

会社が忙しく、また自分が実力以上に評価されるときですから、エゴが肥大します。

要するに、自分が偉くなったという勘違いをするんです。

「誰が食わせてやっていると思ってんだぁ！」

「あなたと別れたって、私と付き合いたい人はいくらでもいるのよ」

こういう自己肥大が起こるわけです。

仕事が面白くて仕方がないので、**家族や恋人が犠牲**になります。思いやりがなくなり、関係にヒビが入りやすくなるのです。

あなたにお子さんがいらっしゃる場合には、**仕事が忙しいときに限って、不思議と子供が病気になります。**

これは警告シグナルです。

警告シグナルですから、根本的な原因、つまり家族を大切にしていないことに気づくまで、その**警告シグナルは繰り返されます。しかも、その警告シグナルは次第に大きくなってきます。**

「ゲー、怖～い。そんなの嘘でしょう？」

嘘だったら、あなたをわざわざ脅かすようなことはしません。

ですが、本当にそういうパターンが多いですし、また私もそのような目に遭ってきました。

だからこそ、私と同じ間違いを犯さないように、お伝えしておきたいのです。

さて、話をビジネスに戻しましょう。

夏は製品寿命が長くなります。

夏の時期は、「日和見」の人が作るのですが、この人は、他人と同じものが欲しいので、とくに新しい機能を要求するわけではないからです。

また、この時期は、多少の失敗は市場が吸収してくれますので、**思い切ったことをするのには最適なタイミング**です。たとえば、大型商品の市場投入、企業トップの交代、新会社の立ち上げ、事務所移転等は非常にいい時期です。

このような不確実性の高いことをやったとしても、事業に活気がある状況では、そのリスクを吸収できてしまうのです。

夏は願望や目標の重要性は低くなってきます。

なぜなら三百キロで走っているスポーツカーですから、そのスピードに身を任せます。さらにアクセルを踏んではいけないのです。

「信念は、推進力としては役に立つが、調整器としては役に立たない」

これはアインシュタインの言葉です。

夏のあいだは、推進力はすでにあるのですから、この時期に、さらに高い目標を持ってしまうと、空に飛んでいってしまいます。

目標を立てて、それに向かうというよりは、**柔軟に調整することに比重をかけていくべき時期です。**

秋

秋は収穫の季節。

大きな利益を上げる企業が出る一方、市場から撤退する企業が出てきます。

実った稲と枯れた稲が選別され、刈り取られるのと同じです。

なぜこうなるのか、詳しく説明しましょう。

秋は、ビジネスの成長期が終わりに近づき、成熟期に入り始めるときです。

市場環境からいっても、もう事業を急速に拡大すべき時期ではありません。

広告にお金をかけても、反応するお客は急速に少なくなります。

このときに市場で首位、二位をとっている会社は、**金のなる木を持つ**ことになります。

なぜなら広告をやめたとしても、信用があるからまだお客が集まるのです。またいままで集めたお客がファンになっているので、繰り返し買ってくれます。

その結果、売上は落ちないが投資は減る。つまり手元に大きく現金が残るようになります。

一方、市場三位以下の会社は、新しい客がほとんど集まらないようになってきます。秋に入るまでに充分な数のお客が確保できていればよかったのですが、残念ながら、出遅れたために充分な数のお客はいません。またお客をファンにする努力もしてきていないので、売上が急降下してきます。

ここで失敗する会社は季節が変わったことに気づかない会社です。

こういう会社は、夏のときにやってうまくいった方法、たとえば広告に力を入れるということを、体力が尽きるまでやり続けます。

効果がないのは分かっているが、やらないと不安。麻薬中毒と同じ症状です。

しばらく手を変え品を変え、売上向上策を続けます。

でも、その効果は一時的なものに終わるか、どちらかといえば裏目裏目に出ることが多くなります。


そのうち会社では、リストラが始まります。

ほんの少し前まで営業所を増設し、どんどん新人を採用していたのに、その方針がひっくり返ります。

営業所は閉じられ、人員削減が始まります。

いままでは活気に満ちていた事務所が、急に暗く、しらけた雰囲気に変わります。

上司や社長への悪口が、そこらじゅうで聞こえ、**仕事の話よりは、うわさ話で盛り上がります。**


これが、成長カーブの波に乗ることができなかった会社に起こる典型的な現象です。

秋に大事なことは、もうすぐ冬がくるということです。

冬は事業としては低収益期に入ります。商品が飽きられて、市場からお客が離れ出すときです。

このまま何もしなければ、衰退期に向かい始めるときなのです。

そこで、この時期にやっておくべきことは、次の種まきに備え、田畑を整えることです。つまり、この時期には、**変化を進んで起こすよりは、冬から始まる新しいサイクルに向かって、充分な基盤整備を行っておく**必要があるのです。

ですから、秋のはじめには、社内システムの整備に力を入れていくことが重要です。

秋の時期に、賭けごとは禁物です。

トップの交代や、新規事業・大型商品の開発は、最悪の結果を生みます。

そもそも、これから下降傾向になるので、このような不確実性の高いことは、避けなければならないのです。

ところが、この時期に限って、トップの交代が増えるのです。

なぜなら経営トップも人間ですから、業績のいいとき――つまり夏の時期には、自分の手柄だと勘違いします。

部下は、誰でもへぇへぇと言うことを聞くようになり、まわりはイエスマンばかりになります。

裸の王様状態ですね。

このように調子のいいときにトップを辞めるのは、超人なみの自制心が必要です。

そこで多くの人は、タイミングを外してしまうわけですね。

すると、どうなるか？　会社が傾いてから、トップを交代するわけです。

これって、代わられたほうは大変です（でも、よくありますよね）。

また新規事業・大型商品の開発の場合も、同様です。

業績が悪くなってきたので、一発逆転を狙う会社が出てくるのです。

「これに会社の存続を賭けるぞ！」なんてことをやると、まず失敗へ一直線です。

この時期には、まずは経費を削減し、会社を身軽にする。そして**賭けごとではなく、まず安全確実なところからじっくり体制を立て直していく**ことが大切です。

この秋の課題をクリアしておくと、また冬がめぐってきます。冬は新たなる旅立ちです。

このときまでに新製品（もしくは新規事業）を立ち上げ、新しい成長カーブを描けた会社は、次の新たなるスタートを切ることができます。

一方、波に乗れていない会社は、衰退期に突入。

なんとか既存商品で売上を上げようと必死になります。でも、ピザはほとんど残っていません。残ってはいませんが、多くの会社の場合、幻想にしがみつきます。一時的に景気が回復したり、たまたまやったことが成功したりしますと、まだ復活できるような気になります。命を賭ければ、なんとかなるという美徳で頑張ります。

しかし長期的にはゾンビ状態。頑張っても頑張っても、ボーナスはカットされ続けていきます。

そもそも事業基盤が地すべりしているので、そこに倒れる家を直そうとしても限界があります。建て直したそばから、崩れていきます。また建て直す際の努力は生半可なものではありません。カルロス・ゴーンのような敏腕経営者が必要。その際には緊急外科手術（リストラ）をするので、大きな痛みが伴います。

一方、同じエネルギーをかければ、時流という波に乗っている会社は、どんどん儲かってしまうのです。同じ時間働いたとしても、働く業界や会社によって、ぜんぜん収入が違いますよね。**結局、収入というのは、あなたの実力で決まるのは二割。八割は属したビジネスの仕組み（業界・会社）によって決まる**からです。

地すべりを起こしている会社は、身体に汗をかくのではなく、頭に汗をかく必要があります。前世代が残してくれたピザに頼り続けるわけにはいきません。**新しい世代は、新たなる仕組みをつくって、新たな需要を生み出す方向に発想を切り替えていく**必要があります。

会社を救うヒーローになれる

ビジネスにも季節がある。

春夏秋冬を使うと、会社の動きをとても分かりやすく説明できるようになります。

実際に、飲み会で試してみてください。こんな会話ができるかもしれません。

「うちの主力商品の寿命は、あと三年あるだろうね」

「これから夏の季節に入るから、管理体制をしっかりしなければなりませんよ」

「いまは冬だから、試行錯誤。新規商品をあと二年で軌道に乗せないとね」

遊びだと思って、やってみてください。びっくりするほど、当てはまりますから。


あなたは、会社の動きが予測できるようになるだけではありません。

その結果、間違いやすい落とし穴をかわすことができるようになるんです。

これから話すことは重要ですよ。

この知識を持っていると、**あなたは会社を救うヒーローになれる**でしょう。

なんたって、ほとんどの会社がここで判断を間違えるのですから。


実はいちばん、判断を間違いやすいのは秋の時期です。

秋には、予想すらしなかったことが突然起こります。

売上の急減、社内のゴタゴタが勃発。

部下の謀反、品質問題での市場シェアの喪失等です。

ひとことで言えば、悲劇が起こるのです。

この悲劇は、ある程度コントロールできます。

たいていの人は、こう考えます。

「夏は稼ぎどきだから気にしないで、秋になったら考えればいいよ」

実は、そこが問題なのです。

私が何千件もの経営相談を受けて分かったのは、いちばん判断を見誤るのが夏なのです。

それも**夏のど真ん中のポイント**です。

このポイントは、ちょうど、季節サイクルの折り返し地点なんですよ。

図に書いてみましょう。

要するに、**これからじりじり暑くなるという時期から、これからどんどん寒くなるという時期に変わっていく瞬間**なのです。

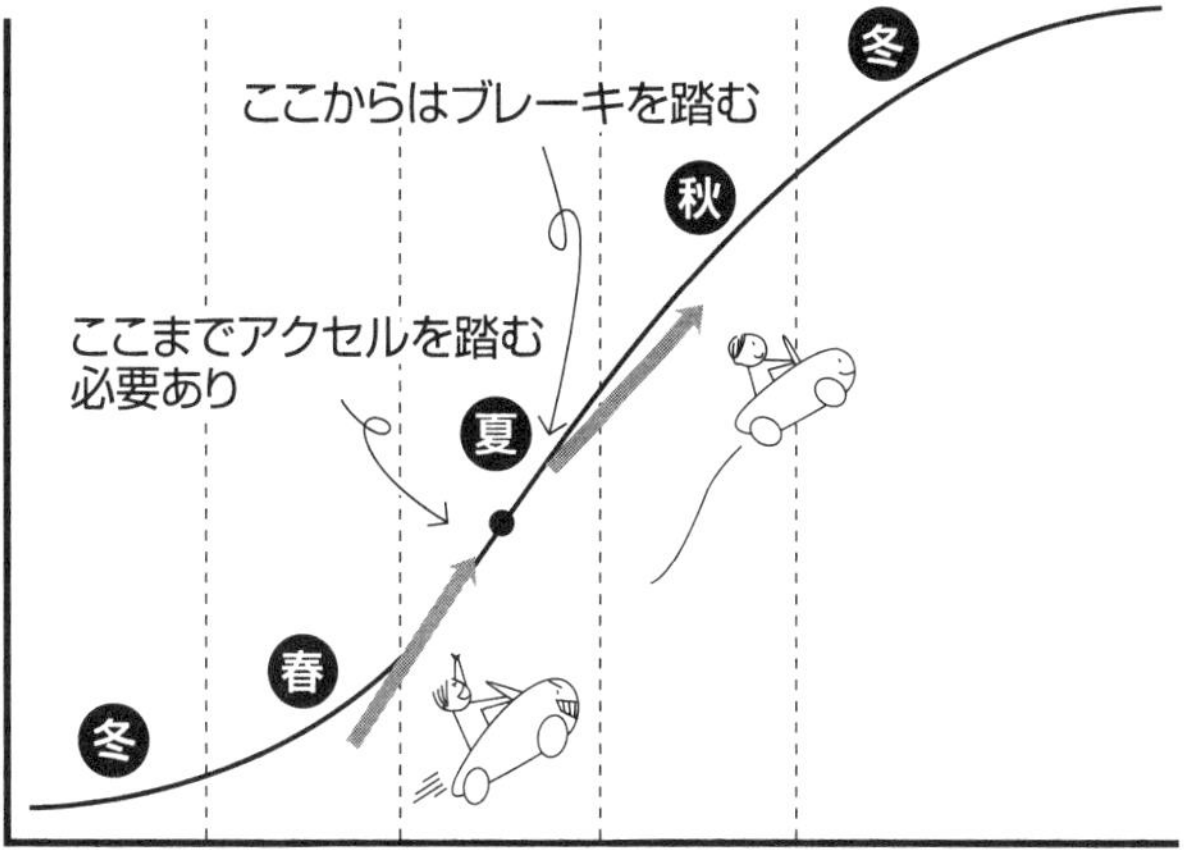

大袈裟な表現だと、あなたに思われることを分かったうえで言います。

この瞬間の判断で、天国と地獄が決まります。

なぜ大袈裟に言ったかといえば、それだけ重大なことだからです。

本当の天気の場合は、秋になることを知っているので、準備ができます。

夏の服のバーゲンセールがあります。そして暑いうちから秋物の服も売り出されます。ですから寒い季節に向かって準備ができるのです。

でもビジネスの場合、本当の天気と違って、この本を読まない限り、季節がどう移行していくか予測できる方法がないのです。ですから**ほとんどの会社が秋の準備をしていないまま、寒い季節に突入**します。

準備ができないだけではありません。

たいていの人は、逆の準備をしてしまうのです。

つまり、これからも暑くなると思い続けて、夏向けの服を買いまくるわけです。ですから、秋になったとたん、着る服がなくて風邪をひいてしまいます。

この急激な変化が、なんと一瞬にしてくる。

だから、悲劇が起こるのです。

どのぐらい急にくるのかというとね、実例をお話ししましょう。

あるリフォーム会社はそれを経験したのですが、はじめは三千五百枚のチラシを配ると一件の電話という確率が、一ヵ月後には四千五百枚に一件。三ヵ月後には七千枚に一件。そして半年後には一万枚に一件に急降下しました。

実際にビジネスをやっている人だったら、この恐ろしさが痛いほど分かるでしょう。いままでチラシを配れば配るほど儲かるという状況が、今度は配れば配るほど損するという状況に変わるのです。

この**夏のど真ん中のポイントが見極められるかどうかが、会社にとっては生死の分かれ目**になります。

これから暑くなるポイントまでは、商品がどんどん売れるわけだから、製造量を増やしていかなかればならない。

販売拠点も増やしておかなければならない。

販売員を増員しなければならない。

そのポイントを過ぎたあとは、夏も終わりに向かって涼しくなり始める。

だから暑い盛りにスローダウンする準備を始めければならない。

今度は、生産を減らさなければならない。

販売拠点、そして販売員を削減しなければならない。

これだけのことなんだが、この舵取りが難しいんだなぁ。

多くの会社は、夏の季節に、浮かれてしまいます。

夏は、単に巻き上げられているだけなのに、自分の会社の実力と勘違いするわけですよね。夏がこのまま続くと考えてしまう。すると、金遣いが荒くなる。

典型的には、社長はベンツを買ったり、平日ゴルフをやったり、そして自社ビルを建てたりするわけです。

自社ビルを建てると、会社が傾くというジンクスがありますが、その理由が分かったでしょう？

なぜ謙虚な人ほど、罠にはまってしまうのか？

「ならば経営トップが、謙虚、質素、清貧であればいいのだ。トップが傲慢《ごうまん》になったのが、そもそも間違いなのだ！」

このようにトップを責める人の気持ちは分かります。

でもね、言うは簡単、実行するのは難しいですよぉ。

超人なみの自制心が必要になります。


なぜかといえば、経営トップもはじめは謙虚なのです。

経営者になるくらいですから、謙虚でなければならないという教えは、何度も本で読んでいます。年頭の挨拶や朝礼でも、本人が自ら言っているでしょう。

また、ちょっとぐらい成功していても、「まだまだだ」「もっと頑張らなければならない」と自分に厳しくしているはずです。

ところが、そのような**自戒も、調子のいい時期が何年も続くと、だんだん麻痺**してきます。なぜならあまり考えなくても、お客がくる。

忙しくて仕方がない。

会社にはお金が溜まってくる。

すると利益がたくさん出るので、税理士が「もっと経費を使ってください」と助言する。いままでは借金をするのに頭を下げてきた銀行が、今度は、「ぜひ、お金を借りてください」と頭を下げてくる。

その結果、**相手の頼まれごとに答えるような気持ち**で、高級車に乗ったり、不動産を購入したりすることになるのです。

これが罠《わな》なのです。

この罠にはまらないためには、「こんな時期が続くはずがない」と経営者としての野性的な勘でスピードダウンするか、または成長カーブを分析して、自分の事業の季節性を予測する以外、不可能です。

私は、年商三千億円の国際流通グループ・ヤオハンを創設した和田一夫さんからお話を聞きました。ヤオハンはあれだけ世界的な成功を収めながら、一九九七年、倒産。和田さんは無一文になりました。

お会いすると分かりますが、和田さんは、謙虚の固まりのような素晴らしいお人柄です。にもかかわらず、毎月のように世界の有名誌に取り上げられるようになると、傲慢さが芽生えてきたとおっしゃっています。

さらには、あの天才経営者ジャック・ウェルチ氏ですら、引退後、スキャンダルが発覚しています。巨額のコンサルティング報酬を永年にわたって保証されていたという、晩節を汚すようなことをしていたわけです。

これがどのようなことだか、分かりますか？

「バカだよな」と思うのは簡単です。しかし、彼らは決してバカではありません。

天才経営者であり、誰よりも自分に厳しい自制心の固まりのような人間です。しかし、しかし。そんな彼らですら、思考が麻痺してしまうのです。

ということは、ほとんどの経営者、経営幹部は、本来スピードを落としていかなければならないところで、アクセルを踏んでしまうのです。

これは急スピンカーブのところで、アクセルを吹かすようなもんです。

どうなります？

そうです。

壁にぶつかります。

しかも、たいていの人は、壁にぶつかっていることさえ自覚できません。

本当は、シフトダウンして方向転換すればいいのですが、カーブの進む方向が見えないので、どんどん先に進もうとします。

「努力が足りないんだぁ。頑張りが足りないんだぁ」とさらにアクセルを踏み込むわけです。

このことは、ひとつの会社だけでなく、日本国民全体の問題となっています。

多くの日本人は、謙虚、控え目を美徳として育てられています。

だから先読みして行動を起こすというよりも、どちらかといえば、石橋を叩いて渡るという人が多いのです。

すると、ガマンにガマンを重ねて、「この状況が続くことは、もはや間違いはないのではないか」と思ったところで、全員が殺到する。

その結果、いつもババを引くのは日本人です。

ウォールストリートで活躍するトップファンドマネージャーの大竹慎一先生によれば、ＩＴバブル崩壊前、すでにアメリカでは、「ＩＴもそろそろやばい」と言われていたそうです。どうしたらいいか困っていたところ、アメリカ人のファンドマネージャーたちに名案が浮かんだそうです。

「あぁ、そうか！　日本人がいるではないか！　日本人に売ればいいや」

ということで、日本人はババを引きました。

そう。引かされたわけではなく、**喜んで引いてしまうのですから、哀れです。**

このような日本人の予測力のなさが、現在の巨額な不良債権の額なわけです。

ビジネスには四季のサイクルがあります。

会社は事業のライフサイクルを見て、**季節ごとに適切なタイミングで、適切な課題をこなしていく必要がある**のです。

しかも、いまは事業のライフサイクルは非常に短くなっています。

一九二〇年代には、会社の寿命は六十年。それが一九七〇年代には、会社の寿命は三十年と言われるようになりました。

ところが、いまや会社の寿命は十五年です。二〇一〇年には十年になると予測されています。

このように会社の寿命がどんどん短くなっています。

短命化しているので、事業の季節がコロコロ変わる。

いままでは七~八年もった事業環境が、いまは一~二年も経たないうちに激変してしまうのです。

これが何を意味するかといえば、明らかです。

夏の時期から、秋、そして冬を見越して準備しなければならない。

会社の季節を見抜く力がなければ、もはや次の春を迎えることができないのです。

これだけ迅速に、大きな船を動かすためには、もはや船長だけの力量ではどうにもなりません。

乗組員全員の協力が必要です。

夏の章

人生の季節サイクル

なぜモーツァルトは三十五歳で死んだのか？

ビジネスでは、なぜ春がこないのか、分かったでしょう？

季節サイクルがひとめぐりしたら、新たな成長カーブを描かなければならないんです。

それも冬になる前に、描き切っておかなければならないことになります。

実は、**この成長カーブの法則が、人間にも当てはまる**ようなのです。

『「Sカーブ」が不確実性を克服する——物理学で解く二〇〇〇年の経営』（セオドア・モディス著）という本に、とても面白い話があります。

モーツァルトは三十五歳で亡くなりましたよね。

これは早死になのでしょうか？

モーツァルトはよぼよぼになるまで生きた、と著者のモディスさんは結論づけています。

モディスさんは、モーツァルトの作曲数を年代ごとにグラフにしていきました。すると作曲数が見事に成長カーブに重なった。モーツァルトは、成長カーブ上で分析された累積作曲数の九一パーセントの仕事をやり遂げて、亡くなったことが分かりました。

つまりモーツァルトは、作曲家としての仕事を九割方やり終えた、成長カーブの冬の時期に亡くなっている！

作曲家としての人生を考えれば、よぼよぼまで生きたといえるのです。

でも本当に、三十五歳で死ななければならなかったんでしょうか？

いいえ、死ななくてもよかったのです。

この冬に死ぬかどうかは、本人次第。次の冬まで生きるという選択肢もあるのです。

モーツァルトは、作曲家としては三十五歳で老人になってしまった。

でも、そこから新しい人生を踏み出せば――たとえば音楽家を育成する仕事だったり、新しい分野の仕事を手がけたりすれば――また次のサイクルを生きられたのかもしれないのです。

モディスさんは、著書のなかで他の芸術家や科学者の人生にも成長カーブを当てはめていますが、怖いほど当てはまっています。多くの人が仕事を充分やり遂げた冬の時期に亡くなっているのです。

私はこの話を知って、とても怖かった。

ビジネスは新しい成長カーブを描けないと倒産します。同じように人間も、新しい成長カーブを描かないと死んでしまうのです。

誰も、早死はいやですよね。

だったら**自分自身の成長カーブを意識して、次のステージを描かなければならない。**

これはとても重要な問題ですよね。だって、そうしなけりゃ、極端な話、死んじゃうかもしれないんですから。

成功者に共通する、奇妙な偶然の一致

私は、自分の人生で新しい成長カーブを描くことが重要だということは分かりましたが、まだ肝心なことが分かっていませんでした。

・人生において成長カーブを見極めるには、どうすればいいのか?
・いったいどのタイミングで、何をすれば新しい成長カーブを描けるのか?

この問いの答えになる、具体的な方法論までは思いつくことがなかったのです。

ところが、二〇〇二年八月。ある会議で、面白い出来事に出会いました。
成功した起業家五人が集まった会議です。
雑談中、サラリーマンから起業するまでに何年かかったかという話になりました。
すると五人中四人が、思い立ってから二年かかったということだったのです。
また独立した年齢が、五人中三人が三十三歳。
さらに面白いことに、五人中三人が起業した事業を、もの凄くうまくいっていると

きに、手放しています。

そして手放したとたん、三人中二人のビジネスの市場環境が急悪化しているのです。


これは単なる偶然でしょうか?

この五人は誰もが人も羨む成功をしています。

それも一発屋ではなく、継続的に。

私は、**この奇妙な偶然の一致の裏には、成功者に共通するなんらかの法則がある**のではないかと感じたわけです。


私はビジネスについては専門家ですから、かなりの精度をもって、会社がどのようになるか予測・アドバイスすることができます。

「もしかして人生もビジネスも、同じツールで分析できるのかもしれない」

そこで遊び心で、成長カーブの理論を、人生に応用してみたのです。

まずは、私自身の人生に応用してみました。

そしたら……

びっくりしたどころではありません。

私は、ひっくり返りそうになりました。

いままでビジネスを判断していたツールで、自分の人生が説明できてしまったのですから。

私は目の前に見えているものを否定したくなって、思わず、作業していたノートブックパソコンの画面を閉じてしまいました。

「こんな単純なことで、人生が説明できるはずがない！」

「こんな簡単なことで説明できるんだったら、なぜ、もっと多くの人が知らないんだ？」

「たまたまの偶然だ。一般化できるはずがない」

私は、自分の浅はかさを笑いたくなるぐらいでした。

こんなことあり得るはずがない、と自分を疑いました。

でも、気になって気になって仕方がありません。

そこで九月三日に、私のクライアントのうち、約一千人にファクスを送ってしまいました。これは、この本の冒頭でお話したとおりです。

私は、バカにされるのを承知で、経営関係のアストロロジーの活用で実績のある來夢先生に、このファクスの内容を検証していただきました。


数週間後。

來夢先生から、どんぴしゃで説明できると返事がきました。

何千人ものデータを見直されたそうですが、成長カーブに基づく春夏秋冬という言語で、分かりやすく説明がついてしまうとのことなのです。


なんとも不思議なことがあるものです。

どうして当てはまるのか？

正直、私は、いまでも理解できません。

理解できないのですが、活用できるのです。

考えてみれば、経営ツールのなかには、理解できないけれど、使えば役に立つものがたくさんあります。

たとえば、優良顧客二割が八割の売上をつくるという「二割八割の法則」。年商三億円、十億円で事業の節目がくるという法則。

それから経済学で有名な「コンドラチェフの波」も、結局は、経験則なわけです。だったら科学的に実証されなくても、役に立つのなら知っておいてもいいのではないでしょうか？

役に立てば使えばいいし、役に立たなければ使わなければいいのです。

結局、あなたが選択できるわけですから。

人生は十二年の季節サイクルでできている

さぁ、それではいよいよ成長カーブに基づく「春夏秋冬理論」を、人生に応用してみましょう。

これを知ると、あなたの人生が、どうしてこのようになっているのか、説明できるようになります。

自分が知らなかった自分に、出会えるようになるのです。

ズバリ「春夏秋冬理論」を、簡単に説明してみましょう。

人生は、十二年でひとめぐりする春夏秋冬という季節サイクルで説明できる。

それぞれの季節は三年間。

季節ごとに学ぶ課題がある。その課題をクリアすると、次の十二年間は、新しい段階に進める。

しかし、課題がクリアできないと、持ち越しとなり、将来に同様の課題が起こる。

なぜ十二年でひとめぐりすると考えているかといえば、あくまでも単純化のためです。

単純化しても、この「春夏秋冬理論」は、二十代から六十代までの人間の青年期には、問題なく当てはまります。なぜならビジネスと同じように、成長期はいままでの慣性力が働きますので、予測性が高まるからです。

私は、生まれたばかりの場合や、寿命が近づいてきた場合には、このサイクルから外れることが多くなってくると見ています。來夢先生によれば、人間には十二年のサイクルのほか、九年間のサイクルもあるそうです。

このように複雑に考えていけば、どこまでも複雑にできますが、そうすると今度はほとんどの人が使えなくなってしまいます。

実際に「春夏秋冬理論」を活用してみると、ほとんどの場合、十二年のサイクルを考えるだけで、なんら支障ありません。

十二というのは、サイクルを表すことが多い不思議な数字です。

そもそも一年間が十二ヵ月ですよね。

六十歳で還暦を迎えるというのも、十二年が五サイクルしているということですよね。

さらに音楽のオクターブも半音を入れると十二音からできています。そして、そのサイクルが終わると、次の高い音程のドレミに移っていきますよね。

まぁ、こじつけの感は免れませんが、十二という数字はピンとくる数字だったのです。

そこで私は、**人生は、十二年でひとサイクルする成長カーブの連続である**と考えたのです。

私は、試しに自分自身を実験材料にしてみました。

過去十二年間の出来事をカレンダーに書いていきました。

そして出来事に合わせて、私が成長カーブで理解していた春夏秋冬の特長とつなぎ合わせていったわけです。

パズルを解くようなもので、試行錯誤はありましたが、ほどなく自分自身の季節サイクルを見出すことができました。

そしたら、**いままでの十二年間がすっきり説明できてしまった**のです。

そして、**これから私がどのような人生の課題に直面していくのかも分かってしまったのです！**

自分の知らないシナリオがあった！

自分のことで恐縮ですが、春夏秋冬サイクルが理解しやすくなると思いますので、私が作った十二年カレンダーをお見せいたしましょう。

秋

1991	MBA留学中
1992	MBA取得、コンサルティング会社入社
1993	リストラ、家電メーカー入社

冬

1994	結婚
1995	ダイレクトレスポンス・マーケティング&フォトリーディングとの出会い
1996	修業時代（試行錯誤）

春

1997	結果が出始める
1998	独立
1999	ダイヤモンド社より処女作出版

夏

2000	『あなたの会社が90日で儲かる！』大ヒット
2001	『口コミ伝染病』『あなたもいままでの10倍早く本が読める！』大ヒット
2002	『非常識な成功法則』『60分間・企業ダントツ化プロジェクト』大ヒット

人生における春夏秋冬の季節の特徴は、あとで詳しく説明しますが、ここでは、この表で何が起こっているか、あなたに分かってもらいたいと思います。

まず一九九一年を見てください。

私の季節は、秋です。

秋は、勉強の秋。九二年春まで、私は留学して勉強しています。

また秋は、予想しないことや悲劇が起こることが特徴です。実際に私は、九三年にリストラされています。

一九九四年からは冬の季節です。

冬はすべての始まり。実際に、私は結婚しています。

そして冬は発想やアイディアと出会う季節。九五年に、私は今後の事業の大きな柱になるダイレクトレスポンス・マーケティングとフォトリーディングに出会っています。

一九九七年からは春の季節。

仕掛けがうまくいき出す時期です。私は、春のピークである九八年に、『週刊ダイヤモンド』誌にアプローチ。巻頭十二ページの記事を書き、大反響を得ました。

二〇〇〇年からは夏の季節。

おかげさまで、出す本、出す本が大ヒット。ビジネス書としては異例の結果を挙げることができました。

以上のことは、私はまったく季節サイクルのことを知らないときに起こっているのです。

つまり、まったくの無意識で、毎日を漫然と、ときには悪態をつきながら過ごしていたのです。

しかし、あとから見直してみると、順番に季節を進んでいるではありませんか！

本人は、ただただ毎日を過ごしていただけなのに。

あたかも、はじめから物語が設定されていたかのようです。

私が知らないシナリオがそこにある。

その台本どおりに、操り人形のように生かされてきたかのようなのです。

こんな不思議なことは、あり得るのでしょうか？

人生には進む方向を切り替えるチャンスもある

さらに、一九九一年の前の三年間を振り返ってみましょう。

夏
1988　ニューヨーク在住
1989　外務省にてナイジェリア赴任、文化広報担当
1990　MBA入学

ちょっと恥ずかしいのですが、自分の過去を聞いてください。
一九八八年、私は、ニューヨークにいて中国人の彼女と付き合っていたのです。
もう恋愛の真っ最中。

そう。**夏にアバンチュールはつきもの**ですからね。
ところが、その幸福の絶頂に、当時、勤めていた外務省から辞令が下った。
「キミは、ナイジェリアだ」
そのひとことだけだったですね。
そのひとことで、摩天楼のニューヨークから、アフリカに飛ばされました。
「ナイジェリア？　いったいどこにあるんだ？　何語をしゃべってんだ？」
私は、地図を見るところから始まったわけです。
その二週間後には、恋人と涙々の別れ。私は、アフリカに向かう飛行機のなか。
その飛行機の窓から下を見下ろすと、雲の合間から、雷が。
ピカッ、ピカッと下に光る雷が見えるんです。
飛行場に着いたとたんに、ムッとするような途上国特有の匂い。
ニューヨークで見慣れた黒人よりも、もっと黒い顔、顔。そして光る歯。
なんとも言えない違和感がありました。
この違和感は、単なる前兆でした。

実際には、もっと酷《ひど》いことが待っていました。

上司の強烈ないじめです。ひとりではなく、何人からもいじめられた。

食事を取り上げられる。

ちょっとしたミスだけで、胸倉をつかまれる。

私は不幸のどん底でした。


とくに、いやだったのは、「ここは私のいる場所ではない」という感じです。自分の人生を生きていないという感じが、どうしようもなく収まりきれませんでした。

そこで私は外務省を辞める決心をしました。

経営学修士（ＭＢＡ）を取るべく、入学に向けて準備を始めたのです。


ちなみに、当時はまだ、外務省というのはエリートが行くところであり、安定した素晴らしい職場と思われておりましたので、友人からは「辞めないほうがいいんじゃない？」なんて引き止めがありました。

しかし、いまから考えてみると、外務省を辞めることは、たぶん、私の人生のなかでも最良の決定だったと思っています。

私はこの決定を、実は、季節が夏のときに行なっているのです。ビジネスの季節でもお話ししましたが、夏は思い切った行動がとれる時期です。エネルギーが高い時期なので、不確実性を吸収できるのです。

この思い切った決定をしたからこそ、その後の十二年間を生きることができました。

私にとって、行きたくない国に飛ばされ、上司からいじめぬかれたという不幸のどん底。

この不幸のどん底は、贈り物だった。なぜなら、この不幸がなければ、とても新たなスタートを踏み出すという決心はできなかったでしょうから。

不運を幸運に変えることができる！

列車のレールの方向転換機を、カチっと別方向に切り替えたような感じです。

人生には、台本が用意されています。
しかし、どの台本を選択するかは、どうも自分に決定権があるようです。
そして、別方向に切り替えるためには、
適切なタイミングで、適切な行動をとること。
そうすることで、人生はまったく違った段階に飛躍するようです。

十二年間を振り返ってみる効果は絶大です。

何よりもありがたかったのは、過去に失敗だと思っていたことが、恩恵であったことに気づけたこと。

いままでバラバラの体験、無意味な出来事と思えたものが、実に見事に、ひとつの物語を作り上げていることが分かったことです。

過去から現在に至る流れを感じる。

そうすると、過去が許せると同時に、これからの課題も見えるようになります。

私は、このメリットをぜひ、あなたにも伝えたいと思いました。

自分が生きる意味を、見失っている人が多いように思えるからです。

いまは毎日が無意味な連続としか思えないかもしれません。しかし、より大きなタイムラインのなかで眺めてみれば、いまこの瞬間に、生きる意味がどんなに満ち溢れているかを感じることができます。

数年後には、どんな季節に入るのか分かります。すると、**もうひとつ上の段階から、いまの課題に立ち向かう勇気が得られる**のです。

どんなに辛い体験も、いつかは過ぎ去ります。

そして、その辛い体験は、いつかは恩恵に変わります。

時間の流れを把握することで、あなたは不運を幸運に変えることができます。

これが流れに乗って生きるということなのです。

春夏秋冬の流れにどう乗っていくか？

さぁ、それでは流れに乗っていくために、春夏秋冬という季節は、人生においてどんな意味を持つのか、お話しておきましょう。

それぞれの季節のキーワードを挙げてみます。

さきほどのビジネスにおける春夏秋冬とダブりますので、分かりやすいと思います。

冬　**すべての始まり、発想・アイディアとの出会い、試行錯誤、方向性が見えてくる**
春　**やっと芽が出る、出会いが広がる、仕掛ける**
夏　**エネルギッシュ、吹き上げられる、アヴァンチュール、自我肥大、無茶は禁物**
秋　**収穫、勉強、悲劇、依頼された仕事をこなす**

春夏秋冬にはこのような特徴がありますから、それに応じて、**自分の課題を設定し、学びを深めていく**のです。

それぞれの季節の過ごし方について、順番に説明しましょう。

ビジネスでは、すべての始まりの冬から取り上げましたが、人生においてはいちばん対応が難しい秋からお話することにします。

秋

秋は、冬から始まる四季サイクルの最終章。

この季節は「悲劇」とも表現できますが、まったく予想外のことが起こります。

たとえば、いままで頑張ってやってきたことが、急に方向転換を迫られます。

転勤や、または転職せざるを得ない状況になることもあるでしょう。

人間関係の衝突や、突然の別れもあるかもしれません。


あなたも秋の季節に、予想外の出来事が起こったら、「あぁ、このことだったのかぁ」と思い出してください。

一見、悪いことが起こったときほど、チャンスです。

「ふっ、ふっ、ふ。これが秋の現象なのだな。流れに乗っているじゃないか！」と喜

んでもいいぐらいです。それだけでも心の動揺が少なくなるはずです。

いったい、なぜ秋には、このような予想外の出来事が起こるのでしょうか？秋は十二年のサイクルの最終段階ですから、「うまくいってきたこと」「うまくいかなかったこと」の両方を反省する必要があるからです。**いままでの冬・春・夏の九年間で、自分は何を学んだのか、ということを自分に落とし込み、そして冬から始まる、次の十二年に備える時期**なのです。

夏のあいだは、調子がいいですから、「うまくいかない」問題からは、誰もが目を逸《そ》らします。あたかも「うまくいかない」ことが存在しないように思い込みます。しかし「うまくいくこと」があれば、必ずその裏には、「うまくいかないこと」が生じます。

これは光と影と同じ関係です。**光があれば、必ず影は生じます。**

夏のあいだは、いけいけドンドンでしたから、「うまくいってきたこと」ばかりが目立っています。しかし裏では、夏のあいだに、影は濃くなっているわけです。

秋になってスピードダウンしてくると、いままで抑えてきた影の部分（ダークサイド）が急に吹き出してきます。

いままで見ようとしなかった問題に、直面せざるを得なくなります。

これが予想外の出来事という形をとって、現れてくるのです。

予想外の出来事とは、言い換えれば、十二年間の学校生活における最終テストのようなものです。

この問題を通じて、あなたは、これからの課題は何なのかと問われているのです。

この課題が分かったときには、マウスをクリックしたかのように、次の新しい現実がスタートします。

ところが、予想外の出来事を否定したり、そこから逃げようとしたりすると思考が停止します。自分が問われている課題について気づくことがありません。

その結果、**次の十二年のサイクルでも、同じ課題が提示される**ことになります。

つまり同じ問題が起こるわけです。

秋は収穫の季節でもあります。

収穫とは、実った穂を刈り入れ、そして枯れた穂を捨てる作業です。どちらも、この季節には大事な作業です。

人間関係について言えば、これからのあなたの学びにとって必要のない人とは、別れることになります。別れは、どの季節でも、変わり目に起こります。学校で言えば、学期末の席替えのようなもんです。

でも秋には、とくに大きな人間関係の入れ替えが起こります。

また古い人が離れていく代わりに、新しい出会いもあります。これはあなたの九年間の成果に対して収穫として与えられる縁。ですから素晴らしい師や友人にめぐり合うことが期待できます。

収入面から言えば、ビジネスの章で話したように、それまでの九年間、必要なことをやってきていれば収入はアップして、大きな果実を得ることになります。逆に、そうでない場合には、収入が減ってきます。

ただし収入が減ったからといって、焦ってはいけません。**積極的に自分から仕掛けたりすると、この時期はすべて裏目**に出ます。

ですから、この時期には、大きな借金をして家を買ったり、会社を起こしたり、新規事業を始めたりというような人生での賭けごとはしないほうがいいのです。

逆に、この時期は、エゴをなくし、ともかく依頼されたことを、黙々とこなすことに注力します。このように依頼されたことをこなしていくと、大変な血肉となります。そうして**流れに乗れるようになると、かえって収入がアップ**していきます。

秋に病気や事故に遭った場合は、これは運が悪いのではなく、流れに乗っていると考えてください。いままで忙しくて、自分の心の内面をチェックできなかったでしょう。だから、「休みなさい」というシグナルを潜在意識が出しているのです。ですから病気になっても、無理して仕事に復帰するなど、焦ってはいけません。

事故や病気になって休んだあと、破竹のような勢いで驀進《ばくしん》するということが本当によくあります。ですからこの時期の**病気や事故は、素晴らしい贈り物**だと考えてください。

この時期は、いままでの反省と同時に、**今後に向けての自己投資が大切**になってきます。勉強の秋ですから、勉強するのは大変いいことです。また十二年間の棚卸《たなおろし》の意味で、本を書いたり、発表したりというのは非常にいいタイミングです。

体力は下がっていますので、あまり無理はききません。スケジュールも無理に詰め込みすぎると身体を壊してしまうかもしれませんので、余裕をもって取り組みます。

ちなみに、歴代の横綱で二十回以上優勝をしているのは、大鵬、千代の富士、北の湖と、貴ノ花がいますが、四人とも、秋に入って引退しています。スポーツマンとしては、グッドタイミングで引退しているのです。

冬

冬からは、新しい十二年間のサイクルが始まります。

ビジネスでは、冬は低収益の時期でした。

それじゃ、個人でも金運が下がるのか？

そうではありません。ご安心を。それはあなたの身の振り方次第。

秋を、自分から積極的に仕掛けることなく、いままでの反省を行って、新しい方向性にスイッチが入った場合には、大変うまくいきます。

具体的には、**秋に依頼された仕事を着実にこなしていると、それが大ヒットになったり、高く評価されたりする**のです。

人生の冬は、ビジネスと同様、いろんなアイディアが湧きやすくなる時期です。秋

は、まるで混沌として、霧の中に閉じ込められたような感じがするかもしれません。

冬は、その霧がだんだん晴れて、方向性が見え隠れする時期です。

このときには、浮かんできたアイディアの種をとにかく撒いてみます。

そして、うまくいくかどうか実験します。会いたい人に会ってみます。

撒く種は多ければ多いほど、いいのです。

そこで躊躇せず、試行錯誤してみます。

試行錯誤が大変な実力になる三年間です。

一見効率の悪い、泥臭い作業をすることが、重要な血肉となってきます。

この時期に種を撒いておかないと、春になっても芽が出ることはありません。


健康については、春に向かって体力を整えておきます。

春は活動的に外に向かって出ていきます。そのときに身体をこわしていては仕方がありません。そこで、冬にはしっかり身体の整備をしておくわけです。

具体的には、バランスのとれた食事をとること、基礎体力の増強、体質改善を行っていくことが、春からのよい流れに結びついてきます。

春

春は、出てきた芽に水をあげて、育てることが重要になります。

いよいよ仕掛けどきです。外に向かって打って出るには、最適なタイミングなのです。

この時期に積極的に仕掛けをしていくことが、夏になって大きな実を結ぶようになります。ビジネスであれば、マスコミにPRしたり、広告したりするのにとても効果的です。

どんな仕事でも、あなたがやっていかなければならないのは、あなたが信じることを、他人に伝えていくことです。

秋に内省・自己投資し、そして冬に試行錯誤した結果を、評価する人は必ずいます。

黙って隠れていたら、誰もあなたを評価できないですよね。

あなたが積極的に伝えれば、あなたの協力者は自然に集まってきます。

あなたのサポーターに声をかけてください。彼らの協力を仰いでください。


あなたが情報発信していくと、人間関係が広がってきます。

あなた自身がワクワクしているので、まわりにもワクワクした人が集まり始めます。

人間関係を積極的に広げていっても、あまりリスクはありません。夏に向かうバイタリティで、あなたに協力してくれる人はたくさんいます。

夏

夏の時期には、エネルギーレベルが高いので、なんでもかんでもうまくいってしまいます。

人気者で、とにかくまわりから求められます。ただでさえ忙しくなりますから、さらに仕掛けをすると、殺人的な忙しさになってしまいます。

いくらエネルギーが高い時期とはいっても、すべての仕事に手を出していたら息切れします。あまりにも無茶するとオーバーヒートして、病気という形になって倒れることがあります。ですから、本当に必要なものを選択していくことが大事。断るべきものは断ることが重要になるのです。

エネルギーに満ち溢れていますので、仕事をどんどんこなし、その結果、収入がアップします。ですから、この時期には多少の贅沢《ぜいたく》をしても、なんの問題もなく吸収さ

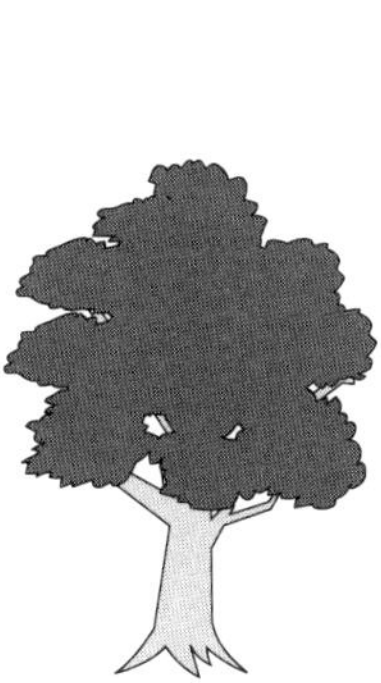

れてしまいます。

人間は、常に清貧でいられるかといえば、そうではありません。人間として生まれたからには、自我と欲があります。誰でもいい家に住みたい、いい車が欲しい、素敵な異性と付き合いたい等の欲求はあります。

体感しなければ、学習できないことはたくさんあります。

夏はそれを体感しておくには、最適の季節です。

夏に贅沢して、その楽しさ、そして愚かさを体験しておくことは、あなたの人間の幅を広げることになります。

夏の出会いは、ひと夏の出会いと言われるように、アバンチュールとなる可能性が大きいのです。

もちろん楽しんでいただければいいのですが、秋になると、「えっ、どうして?」と自分でも疑問に思うことがあります。もちろん、その夏の出会いをきちんと温めておいて、秋の混乱の時期を越えて、深い絆《きずな》として定着していくケースもあります。

夏の終わりには、とくに罠が入りやすくなります。

気をつけてください。

罠というのは、魔がさすとも言いますが、結局、いままでの学びが、試されるというようなことが起こります。要するに、期末テストのようなものです。

どんなことが起きるかといえば、あまりにも都合のいい話が入ってくるのです。

たとえば、突然、大きな取引が降ってきたとか、大変な年収でヘッドハンティングされるということです。

不思議なことに、次から次へと出来すぎな話が舞い込むのです。

しかし結局、取り込み詐欺《さぎ》だったり、再就職したとたんに倒産してしまったり等のことがあります。

本当のチャンスか、罠かを見分けるのは、非常に困難です。どんなに自分に厳しい人間であっても強烈な誘惑がかかるので、それにはまらないようにするためには知恵が必要です。

あまりにも出来すぎな場合には、慎重に対応したほうがいいです。

目安としては、出来すぎな話が三つ続いたときは、「これは罠だな」と注意してく

ださい。これは経験則です。

罠という期末テストで試されているのは、現在、目の前にちらつかされているものが自分の実力に相応しいと思うかどうかです。

ここで自分を高く買いかぶって傲慢になると、ガチョーン。いままでの山頂から、谷底に落ちていきます。

「まさか、そんなバカなことがあるはずはない」と思っていただいてもいいです。

私だって、わざわざこんな不思議な話は、本来したくないのです。

だって、考えてもみてください。

こんな非論理的な話をすれば、私の揚げ足を取ったり、批判したりする人を増やすだけですから。私にとってよいことは何もないのです。

しかし、言わざるを得ない。

なぜなら、あなたが罠にはまってからじゃ、遅いからです。

別に信じていただかなくても、結構です。

「神田というヤツが、バカなことを言っていたな」と、あなたが罠にはまる前に思い出していただければ、それで私は役目が果たせたことになります。

著名人に見る春夏秋冬サイクルは?

それでは実際の事例を見て、それぞれの季節でどんなことが起こるか、イメージしやすくしてみましょう。

著名人で見ると非常に分かりやすいと思います。

まずはビジネス界を代表して、ソフトバンクの**孫正義さん**に登場していただきましょう。

次ページに示したのが、孫さんの春夏秋冬の年表です。

怖いほど当てはまっています。

勉強の秋である七四年に、高校中退。米国へ研修旅行。

発想が湧く冬である七七年には、翻訳機を開発。

そして芽が出始める春の七八年には、その翻訳機をシャープに一億円で売却。

著名人「春夏秋冬」年表 孫正義 ソフトバンク社長

年	年齢	季節	出来事1	出来事2
1971年	14歳	夏		
1972年	15歳	秋		
1973年	16歳	秋	久留米大附設高校入学	
1974年	17歳	秋	久留米大附設高校中退	米国ホーリーネームズ大入学
1975年	18歳	冬		
1976年	19歳	冬		
1977年	20歳	冬	カリフォルニア大バークレー校編入	「音声機能付き多言語翻訳機」を発明
1978年	21歳	春	「多言語翻訳機」をシャープに売る	
1979年	22歳	春	米国にて会社を設立	
1980年	23歳	春		
1981年	24歳	夏	「日本ソフトバンク」を設立	
1982年	25歳	夏	当時日本一のソフト会社ハドソンと独占契約	
1983年	26歳	夏	重い慢性肝炎にかかっていることが判明	社長職を退き、会長に就任
1984年	27歳	秋	入退院を繰り返す 出版部門が赤字になる	データ事業に失敗、10億円の借金を抱える
1985年	28歳	秋		
1986年	29歳	秋		
1987年	30歳	冬		
1988年	31歳	冬	「ソフトバンク・アメリカ」設立	
1989年	32歳	冬		
1990年	33歳	春	「ソフトバンク」へ社名変更	
1991年	34歳	春		
1992年	35歳	春		
1993年	36歳	夏		
1994年	37歳	夏	ソフトバンクの株式を店頭公開	ジフ=デービスの展示会部門を買収
1995年	38歳	夏	ジフ=デービスの出版部門を買収	米国「YAHOO!」に出資
1996年	39歳	秋	「YAHOO!」の日本法人「ヤフー株式会社」を設立	キングストン・テクノロジーを買収「JスカイB」の事業構想を発表
1997年	40歳	秋		
1998年	41歳	秋	ソフトバンクが東証一部に上場	
1999年	42歳	冬	キングストン・テクノロジーを売却	ジフ=デービスの出版部門を売却
2000年	43歳	冬	国有化された日債銀を買収（あおぞら銀行へ社名変更）	ナスダック・ジャパンを開設
2001年	44歳	冬		
2002年	45歳	春		
2003年	46歳	春		

その後、夏である八一年に、日本ソフトバンクを設立。ところが、やりすぎたのでしょう。八三年に肝炎にかかって、秋の時期まで入退院を繰り返しています。

次のサイクルの春である九〇年を迎えると、「ソフトバンク株式会社」に社名変更。事業はITブームの波もあり、順調に推移。

九三年から三年間の夏の季節には、破竹の勢いで急成長。九四年に店頭公開。その後、買収に次ぐ買収。有名なところでは、九五年にジフ＝デービスの出版部門を二十一億ドルで買収。同年には米ヤフー株を取得しています。

ところが秋に入った九六年以降、手を出したものはことごとく失敗。三十億ドルで買収したキングストン・テクノロジーは、九九年に売却。この巨額の投資の失敗が、ソフトバンクの凋落《ちょうらく》を招いたものと思われます。

冬である二〇〇〇年に開設されたナスダック・ジャパン、同じ冬の時期の二〇〇〇年に筆頭株主になったあおぞら銀行。残念ながら、どちらもうまくいっていません。

一方、夏のあいだに投資を決定したヤフーは、非常にうまくいっています。夏に買収したジフ＝デービスの出版部門も、キングストン同様、売却されました。しかし、ジフ＝デービスと関係を持ったことが、その後のヤフーへの出資への糸口を開いています。

細かな点を見れば、春夏秋冬のサイクルでは説明しにくいことがあるかもしれません。しかし、全体の長い歴史を眺めてみれば、明らかに周期性を感じないでしょうか？

面白いことに、孫さんは二〇〇二年十二月七日の日本経済新聞に掲載されたインタビューで、次のように語っています。

「正直言って、（二〇〇二年の）五月ごろまでは創業以来のつらい時期だった。**深い霧のなかにいるよう**で、どこまで資金が必要なのか分からなかった。**その霧がすっと晴れたのは……**」

冬を抜けて春になる人が感じる、典型的な感想です。

今度は芸能人を見てみましょう。

まず**矢沢永吉さん**です。

この方も、見事に当てはまっています。

春である六九年に活動開始。

夏である七二年に、伝説のグループ「キャロル」結成。いきなりブレイクするものの、秋である七五年には解散。

その後も勢いは止まらず。収入はアップし続け、冬の時期である七八年に、所得番付トップに。

このようにうまく収穫をしているものの、秋である七六年には、山中湖畔に土地を購入。ファンが殺到して住めたものではなく、のちに売却しています。

その次のサイクルである春からは、アメリカ活動が軌道に乗り、ソロ活動も順調に推移します。

しかし再び秋に入った八七年に、オーストラリアに土地を買って、ビルを建てています。これが原因で三十億円の詐欺に遭っています。その詐欺が発覚するのが、十二年後の秋である九八年。

著名人「春夏秋冬」年表 矢沢永吉 歌手

年	年齢	季節	出来事1	出来事2
1967年	18歳	冬		
1968年	19歳	春		
1969年	20歳	春	ディスコを中心にバンド活動を開始	
1970年	21歳	春		
1971年	22歳	夏		
1972年	23歳	夏	「キャロル」結成	
1973年	24歳	夏		
1974年	25歳	秋		
1975年	26歳	秋	「キャロル」解散、ソロデビュー	ソロ・アルバム制作のため渡米
1976年	27歳	秋	山中湖畔に土地を買う	
1977年	28歳	冬	初の日本武道館公演	所得番付・芸能部門2位
1978年	29歳	冬	『時間よ止まれ』ヒット	所得番付・芸能部門1位、山中湖の新居へ引越し→ファン公害へ
1979年	30歳	冬		
1980年	31歳	春		
1981年	32歳	春	単身渡米	アルバム『YAZAWA』全世界発売
1982年	33歳	春	山中湖の家を取り壊す	マネージャーの背任行為発覚
1983年	34歳	夏	『ROCKIN' MY HEART』がビルボード誌の推薦曲10曲の中に選ばれる	
1984年	35歳	夏		
1985年	36歳	夏		
1986年	37歳	秋		
1987年	38歳	秋	オーストラリアに土地を購入	
1988年	39歳	秋		
1989年	40歳	冬		
1990年	41歳	冬		
1991年	42歳	冬		
1992年	43歳	春		
1993年	44歳	春		
1994年	45歳	春		
1995年	46歳	夏		
1996年	47歳	夏		
1997年	48歳	夏		
1998年	49歳	秋	オーストラリアで巨額詐欺被害に遭う	
1999年	50歳	秋		
2000年	51歳	秋		
2001年	52歳	冬		
2002年	53歳	冬		
2003年	54歳	冬		

どう思います？　なんらかのシナリオが見えませんでしょうか？

不思議なのは、土地の購入という同じ間違いで、大変な痛手を負っていることです。

しかも、その問題が起こっている時期が秋。

これが未解決な問題が、繰り返し起こるという現象です。しかも二回目に起こる際には、その問題がさらに大きくなって、提示されています。


次は、**ビートたけしさん**です。

この方は、自らの成長カーブを描き直して、継続的に成功している好例です。

夏の七三年に「ツービート」を結成。そのあと次の春である八〇年には、漫才ブームの中心的存在になっています。

次の夏にあたる八三年には、『戦場のメリークリスマス』に出演。芸に幅が広がり、お笑いでは不動の地位を築いています。ところが秋である八六年には、雑誌「フライデー」編集部を襲撃したことで、懲役六ヵ月執行猶予二年の有罪判決。

この秋のあいだに、本格的に、お笑いのビートたけしから、次の成長カーブに入っ

著名人「春夏秋冬」年表 ビートたけし(北野武) タレント・映画監督

年	年齢	季節	出来事
1967年	20歳	冬	
1968年	21歳	春	
1969年	22歳	春	
1970年	23歳	春	
1971年	24歳	夏	
1972年	25歳	夏	
1973年	26歳	夏	「ツービート」結成
1974年	27歳	秋	
1975年	28歳	秋	
1976年	29歳	秋	
1977年	30歳	冬	
1978年	31歳	冬	
1979年	32歳	冬	
1980年	33歳	春	漫才ブーム。その中心的存在となる
1981年	34歳	春	
1982年	35歳	春	
1983年	36歳	夏	『戦場のメリークリスマス』に出演、高い評価を得る
1984年	37歳	夏	
1985年	38歳	夏	
1986年	39歳	秋	『フライデー』編集部襲撃事件
1987年	40歳	秋	フライデー事件で有罪判決
1988年	41歳	秋	
1989年	42歳	冬	『その男、凶暴につき』で映画監督デビュー
1990年	43歳	冬	
1991年	44歳	冬	
1992年	45歳	春	
1993年	46歳	春	『ソナチネ』が世界的に評価される
1994年	47歳	春	ミニバイク運転中に転倒事故、重傷を負う
1995年	48歳	夏	
1996年	49歳	夏	
1997年	50歳	夏	『HANA-BI』でベネチア国際映画祭グランプリ受賞
1998年	51歳	秋	
1999年	52歳	秋	
2000年	53歳	秋	
2001年	54歳	冬	
2002年	55歳	冬	
2003年	56歳	冬	

ていきます。映画監督としての新しい人生です。冬である八九年に『その男、凶暴につき』で監督デビューしています。そして夏のピークである九六年には、『HANA-BI』でベネチア国際映画祭グランプリを受賞。

こうしてビートたけしさんの過去をさーっと眺めていくと、お笑いの成長カーブが冬に入ったところで、今度は映画監督としても成長カーブを描いたことがよく分かります。このように成功者というのは、気持ちのいいほど波に乗っていることが多いのです。

ただし、春夏秋冬サイクルからは、説明がつかないことも起こっています。春の終わりの九四年に起こった、ミニバイク運転中の事故です。エネルギーが増してくる春から夏にかけて起こったので、大事には至らなかったのが幸いでした。

この事故については、私も正直、よく説明できません。ただビートたけしさんの場合、女性問題で、定期的に事故を起こすようです。前回のフライデー事件と同様、週刊誌の報道によると、このミニバイクでの事故も女性宅に向かった際に起きたようです。

矢沢永吉さん同様、過去の課題が解決できていないと、同じ課題がさらに大きくなって提示される例と考えてもいいでしょう。矢沢さんは同じ秋の季節に起こりましたが、ビートたけしさんは、別の季節での期末テストとして課題が提示されたとも考えることができます。

マイナスをプラスに転じる知恵

以上、他人様の人生を、偉そうに客観的にお話させていただきました。

ここで私が強調しておきたいのは、このように人生のシナリオが見えたから、「だから、どーなのだ?」ということです。

そもそも先ほどの著名人の人生カレンダーにしても、細かく探求されればこじつけに近いところがあることは、私も百も承知です。こじつけにしても、明らかに一定のパターンが見られるので、あなたにお話しているのですが、だからといって、他人様の人生を評価することはなんの意味もありません。

意味あることは、自分の人生にこの情報を活用して、生きやすくなることだけなのです。

たとえば、矢沢永吉さんにしろ、ビートたけしさんにしろ、客観的に見れば、同じ問題が繰り返し起こっているのかもしれません。

他人のことは、傍目八目《おかめはちもく》だから、よく見えるわけです。

私は、このような問題が繰り返し起こるから、問題を避けなさいというつもりはまったくありません。

矢沢永吉さんもビートたけしさんも、いわばローラーコースターのような人生を歩んでいるわけですが、山や谷を乗り越えてきているからこそ、彼らは大変多くの人を魅了できるのです。

東京ドームを連日満員にできる五十代の男といえば、もう矢沢さんぐらいしかおりませんし、お笑いをやりながら世界の映画の頂点に立ったビートたけしさんは、歴史に残る人物です。

ですから、彼らにとって、このような山あり谷ありの人生は必然なのです。

詐欺や事故ですら、彼らにとってみれば、ご褒美《ほうび》だったのです。


私が伝えたいことは、あなたが自分の人生を選択できるということです。

山あり谷ありを乗り越えて、多くの人を魅了するぞ。

そういう人生もあります。

それに対して、私は、山あり谷ありは辛い。山や谷はあってもいいが、できるだけ谷は深くないほうがいい。

そういう人生もあります。


春夏秋冬サイクルによって想像できる人生のシナリオは、運命のように与えられるものではありません。

避けられないものと思って、運命論的に解釈されるのであれば、この本をいますぐ捨ててください。

そのほうが、あなたのためです。

受け身で与えられるものではありません。

流れを見極め、積極的に活用していただきたいのです。

流れを見極めれば、マイナスをプラスに転じることができるようになります。

これが自分のサイクルを理解することのメリットなのです。

するとエネルギーが低くなっている秋や冬にも、飛躍を遂げることができます。

なぜ「石の上にも三年」なのか？

私の友人で、ワクワク系マーケティングの小阪裕司さんという方がいます。

非常にユニークな視点でマーケティングを語る、大変人気のあるコンサルタントです（ご本人は、自分のことを、伝道師と言っています）。

彼は、いままで山あり谷ありの人生を送ってきました。

若いときから信じられないぐらいの年収を稼いだこともあれば、仕事で穴をあけ、やくざに追われたこともあったそうです。


数年前、彼の人生において大きな転機になったことがあります。

とても参考になると思うので、お話いたしましょう。


一九九六年のことです、彼の季節は夏。

仕事上で大変凄い話が次々と舞い込んできたそうです。

「二億円出資するから、会社をつくれ」

「上場するから、社長になれ」

当時はＩＴバブルの初期のころ。

彼は、一大事業を始めるチャンスだと思いました。

そこで彼は、アクセルを目いっぱい踏んだ。

やはりカーブを曲がりきれず、ここでひとつ大きな事業の立ち上げに失敗します。

しかし、そのころの彼は、この春夏秋冬のリズムに気づいていませんでしたから、

「なにくそ」と踏ん張り、再び別の新規事業を立ち上げるために準備を整え始めまし

た。

そして九八年、彼の季節は秋。

ある新規事業を、今度こそまさに立ち上げようとしていました。

そのとき、彼は、この本の監修者である來夢先生に出会いました。

彼女のアドバイスの結果、分かったのは、新たなことを自分から仕掛けるのは最悪の時期だということ。

そこで彼は、準備してきたことを、すべて手放す決意をしました。

手放す際には、とにかく震えるほど怖かったと言います。

生活の糧がなくなってしまうからです。

でも彼は、思い切って清水《きよみず》の舞台から飛び降りました。

そうやって、手放したとたん。

彼は「これだ！」と思うビジネスモデルに出会いました。

その結果、秋・冬という単純解釈すればエネルギーの低い時期にもかかわらず、三年間で年収は何倍にもアップ。しかも実働時間は半減という状況です。

いまから考えると、株式公開ブームは終わっていますから、「当時、手放さなかったら、自分の人生は、どんな状況になっていただろう」とぞっとするそうです。

このように本来、空虚な時間となりかねないこの時期が、波に乗ることによって、飛躍の大チャンスになるのです。

どうです？　期待持てますでしょう？

それだけ、秋の三年間の過ごし方は、重要なのです。「石の上にも三年」とは、よく言ったものですよね。

小阪さんのような潔《いさぎよ》さを持っているかどうかは、**成功者の重要な資質です。**

波に乗って適切な時期に、適切な覚悟をして行動に移すと、見事に次のサイクルに飛躍ができます。

レールの方向転換機を、別方向にカチッと動かす。

そういう瞬間だと思います。

それじゃ、波に乗れなければどうなるのか？
これも別に悪いことではありません。

流れに乗る。流れに逆らう。
どちらでも、結局はＯＫなのです。
あなたは、どちらも選択することができます。まったく完全に自由です。
すべてはあなたが決めることができるのです。
どちらに進んでいっても、あなたにとっては最適なことが起こります。
あなたはいまのままで、完全であることを知ってください。
内なる声に耳を傾けること。自分自身を信頼し、行動に移すことが大切です。

それでは次は、いよいよどうすれば、自分の春夏秋冬が分かるのか、お話いたしましょう。

秋の章

あなたの季節サイクル

どうすれば自分の季節サイクルが分かる？

せっかくこの本を買ったのですから、あなたにぜひやっていただきたいことがあります。

ここで立ち止まって、あなたの過去を振り返ってみてください。

そして自分の年表を作ってみてください。

「私はサラリーマンで、あまり変化がないから意味ないよ」

「こんな占いみたいなこと、いやだなぁ」

「時間があったらやるけど、今度ね」

「過去なんか忘れちゃったよ」

こうしたやらない理由をたくさん挙げたくなると思います。

でも、あなたの貴重な短時間を投資されることを、心からお薦めします。
あなたが期待する何倍ものの、気づきが得られると思います。

過去を振り返ることは大事です。
バラバラの出来事の連続で生きることと、
自分の生きてきた意味を知り、いまを生きること。
この二つのあいだには、百万光年ぐらいの隔たりがあります。
この瞬間から、あなたの生が輝いてくることになります。

さほど時間はかかりません。たぶん、時間にして三十分でしょう。
この本の巻末に、年表を用意しておきました。
ですから、いまからコーヒーショップにでも行って、ペンを持ってやってみてください。

まずは覚えているだけ過去を振り返ってみましょう。最低十二年間、できれば二十四年間を振り返ってみるといいでしょう。

いったい、どんな大きな出来事があったでしょうか？

自分が達成した大きなことはありますか？　それはいつだったでしょうか？

逆に、どうも調子が悪かったなぁということ。まったく予期しなかったことは起こらなかったでしょうか？　それはいつだったでしょうか？

そうした出来事を探していきます。

自分の人生は、ドラマッチックなことは何もないとお感じになるかもしれません。そうかもしれません。でも、小さな変化を見逃さないでください。

人間である限り、誰でも山や谷はあります。


過去の出来事を書いたら、今度は、季節を当てはめてみます。

はじめは時間がかかるかもしれません。

パズルを解く気持ちで、リラックスしながらやってみましょう。


突然、予期しないことが起こった。

それは秋の季節かもしれません。
いろんな発想が湧いてきて、新しい試みを始めた。
それは冬の季節かもしれません。
それまで大変だったけど、スムーズに動き始めた。
それは春の季節かもしれません。
うわぁー、このときは調子よかったなぁ。
それは夏の季節かもしれません。

このように直感に基づいて、三年間ずつ春夏秋冬に分けていきます。表に季節を書き込んでいったとき、自分の身体がしっくりと感じられるかどうかが大切です。身体に何か違和感があったら、もう一度、検討してみましょう。そして、しっくりと身体になじむまでやってみます。

これはテストではありません。
正解・不正解を見極めるものではありません。あくまでもゲームです。

深刻にならずに、とにかく楽しんで、やってみましょう。

正しいかろうと、間違っていようと、一瞬のあいだ、あなたの過去を振り返るという作業。

それだけで充分、役に立つのです。

それでは、巻末のチャートで自分の年表を作ってみましょう。

繰り返し起こる問題を解決するには？

さぁ、いかがでしたでしょうか？

難しいな、本当にこれでいいのかな、と思っていただいても、さほど問題はありません。もちろん、あなたの誕生日、生まれた場所、時間を見ることによって、占星学の観点からから季節を割り出すことも可能です。

でも、それより大切なことは、過去を振り返って、同一のタイムライン上に自分の現在と未来を眺めてみるという作業なのです。

与えられたものは、さほど重要ではありません。
過去から現在への流れを眺めながら、そこに一定のパターンを見出せないか、自分の頭で考えることが重要なのです。

さぁ、それでは完成したカレンダーを見ながら、あなた自身のシナリオを考えてみましょう。
あなたの人生のタイムラインを、空から見下ろしてみます。
まずは、過去へ遡ります。
辛かった出来事。それから得られた学びはなんでしょう。
その学びがなかったら、現在の自分はどう違っていたでしょうか？

このように長い時間軸のなかで、自分の人生を見直していると、繰り返し起こっている問題が見つかるかもしれません。
この問題は、未解決である限り、繰り返し起こります。そしてもっと大きな問題となって、あなたに提示されます。

いったい、あなたは何を学ぶべきだったのでしょうか？
学びを終了すれば、今度は、次の新しい段階にあなたは立つことができます。

今度、同じ問題が起こったら、うまく解決してみましょう。
まずは過去にある、怒りやわだかまりを解決することです。

誰しも、過去にはわだかまりを持っています。

その怒りを解決すれば、すっと前に進み始めることができます。


「なんで俺だけが、こんな仕打ちを受けるのか？」

「なんて世の中は不公平なんだ！」

こんな怒りがあれば、それを解決しておくことが重要です。

怒りが解消し、学びを得たとたんに、同じ問題は起こらなくなります。


あなたが成長する上で、障害や問題は最大の飛躍のチャンス。

ところが問題が目の前にあるときには、その辛さばかりが目につきます。

ですから怒りが込み上げてくるのは、自然な感情です。

いまは、より大きな時間軸のなかで、この状況を眺めてみてください。

すると、その辛いと思えた体験が、あなたにとって貴重な贈り物であったことに気づきませんか？

そうです。過去の悲しかった体験さえ、あなたが守られていることの証《あかし》なのです。

今度は、視点を、未来に持っていきましょう。

簡単な作業です。

過去の季節サイクルに基づいて、三年ごとに将来の季節を書き込んでみます。


書き込んでみましたか？

あなたの、これから三年間の季節は、どんな季節でしょう？

これからの課題は、なんだったでしょうか？


課題を感じられたら、今度は現在の意味を考えてみましょう。

現在には、どんな課題があるのでしょうか？

「会社にいやな上司がいる。もうこんな仕事辞めたい」

「どうしてこんな不運が続くのだろう？」

「どうしてこんなに一生懸命やっているのに、儲からないのか？」

日常、いろんな問題があります。

その問題は、例外なく、あなた自身の心の反映です。

現在の問題を、時間軸のなかで、眺めてください。

そして現在の課題をクリアしたとき、いったいどんな将来につながっていくのか想像してみてください。

「楽しくないなぁと思える仕事でも、自分の将来の夢につながってくるじゃないか！」

ということが分かりませんか？


どんな苦労も、必ず通り過ぎます。

ただ漫然と過ごしていた一日一日がとても大切な意味を持ってきます。

あなた自身の人生のシナリオが見えてくるのです。

シナリオが見えれば、そのとおりにうまくやり遂げることもできます。

あなたはその役をうまく演じ切ることができます。

未来をつくるのも、過去をつくるのも、自分です。

シナリオが分かれば寄り道をしなくなります。だから、とても成長が早まります。

地平線がパーッと広がって、次々と新しい世界が見え始めます。

これは楽しいですよぉ。

ぜひ、遊んでみてください。

私の妻が、家出したわけ

あなたにとって大切な人の春夏秋冬サイクルが分かれば、調和が深まります。

自分自身のエネルギーの流れだけでなく、まわりの人のエネルギーを知ることによって、調和が生まれるのです。

恥ずかしい話を、告白しましょう。

ある晩、私が家に帰ったら、妻がいないことがありました。

離婚を覚悟で、出ていったのです。

ガチョーン。


当時は、理由が分かりませんでした。

でも、いまは理由が分かります。

夫婦の季節が逆だったのです。


そのとき、私の季節は夏。

夏はエネルギーが高くて、仕事がどんどん進みますよね。すると、いい気になるんです。

「いま仕事をしないで、いつするんだ！」

「俺はこれだけ仕事をしているんだから、家庭のことぐらいキチンとしろ！」

口にこそ出していなかったのですが、たぶん、そんな雰囲気だったと思います。口に出さなくても、雰囲気は伝わりますもんね。

一方、妻の季節は冬。

夫が仕事でいない。いつもひとりっきりの育児。

冬というエネルギーが低い状態での育児ですから、半分育児ノイローゼになっていたのでしょう。

季節が逆なことが分からなかったので、私は相手に思いやりがなかったのです。

もしパートナーの季節が分かっていたら、たぶん、違ったと思います。

「あーそーなのか、彼女はいま大変辛いときにいるんだな、するとボクがそのぶん、頑張ってやらないといけないんだ」

このようにパートナーの課題が分かっていれば、適切なサポートを提供することもできます。

このことは夫婦間だけではなく、会社で一緒に働くメンバー同士でも同じです。

人間、いつでもエネルギッシュでいるわけにはいきません。機械じゃないんですから。

ひとりで走り続けるのは、かなり辛い作業です。

その際、チームメンバー同士が、それぞれの季節を分かっていたらどうでしょう？最適なタイミングで、最適な仕事ができるように、役割分担できるのではないでしょうか？

いままで走ってきたリーダーが、次のリーダーにバトンタッチする。

そして、また次のリーダーにバトンタッチする。

メンバーの信頼関係のなかで、共同で仕事を進める。

これはチームを運営する側にとっても、そして、そのチームに属する側にとっても、とても安心できることです。

誰でも、エネルギーの低い時期がある。その時期に、最適な学びが得られるように、まわりがサポートしてくれるのですからね。

私が季節サイクルを発見して、たどりついたこと。

それは、とってもシンプルな結論でした。

自分は、ひとりじゃない。
調和のなかで、生きているのだ。

春の光に向かって……

たぶん、あなたは、引き寄せられるようにして、この本を手に取ったのではないでしょうか？

あなたがこの本を手に取って、ここまで読まれたことも偶然ではありません。

それは、いまのあなたにとって、この本が大切な意味を持つからです。


この本は、あなたにどんな学びを提供できたでしょう？

あなたの、どんな将来につながってくるのでしょうか？

この情報を使って、あなたは、どんな行動を起こしますか？

ほんのちょっとの行動を起こすことによって、さざなみが起こり、あなたの現実がシフトします。

人生のシナリオが分かったいま、あなたには、小さな偶然が、これからもっと多発するようになるはずです。その小さな偶然を見逃さないでください。

その偶然から、自分は何を学べるのだろう、と考え始めたとき……、あなたは流れに乗れるようになります。

これが「億万長者は、占星術を信じない。しかし……大富豪は、活用する」といわれる所以《ゆえん》です。

あなた、あなたの周囲、そして家族のみんなが、心の大富豪になるために、この本を捧げます。

あとがき

この本は、到底、私の知識だけで書き上げられたものではありません。

私ではなく、私たちの知識のぶつかり合いによって、生まれた本です。そこで、私たちのメンバーをご紹介したいと思います。

もちろん監修者の來夢《ライム》先生。私たちの脳は、会ったとたんに同調し始めますので、いったい、どこからが誰の意見なのか分かりません。ですからこの本は、私と來夢先生の共同作品です。

ワクワク系マーケティングの小阪裕司先生。

横浜国立大学・心理学科助教授の堀之内高久先生。

私がビジネス界のアインシュタインと敬愛するマーティン・シェナルド氏。

そして、まだお会いしたことはありませんが、素晴らしい洞察をいただいたセオドア・モディス氏。

高島亮さん。橋本陽輔さん。和田達哉さん。それからプライベートなことゆえ、名前を公開することはできませんが、二千人を超える春夏秋冬のデータにより、この本を作ることができました。心より感謝申し上げます。

以下、執筆にあたって参考にした書籍・文献・映画を挙げておきます。

『「Sカーブ」が不確実性を克服する――物理学で解く二〇〇〇年の経営』セオドア・モディス著、寒河龍太郎訳、東急エージェンシー

Marty Chenard, *The Course on...Advanced Direct Marketing*, Advanced Marketing Strategies, Inc.

『アー・ユー・ハッピー?』矢沢永吉著、日経BP

『あなたは絶対! 守られている』浅見帆帆子著、グラフ社

『恋はデジャ・ブ』C・O・エリクソン監督 ソニー・ピクチャーズエンタテインメント

私の好きな女優アンディ・マクドウェエルが出ています。コメディです。この映画を見ると本書の内容をより深く理解できると思います。ぜひ、ご覧ください。

著者／神田《かんだ》昌典《まさのり》

経営コンサルタント

上智大学外国語学部卒。在学３年次に外交官試験合格。４年次より外務省経済局勤務。その後ニューヨーク大学経済学修士、およびペンシルバニア大学ウォートンスクール経営学修士（MBA）取得。

コンサルティング会社勤務を経て、1993年米国ワールプール社勤務。1995年同社日本代表に就任。1998年株式会社アルマック設立。顧客獲得実践会は、発足後４年で全国3800社を超える中小企業が参加し、現在、ダイレクト・マーケティングを実践する組織としては日本最大規模。

2001年、加速学習法を使って社会的リーダーを育成するラーニング・ソリューションズ㈱を設立。同年９月には、米国発の加速学習法・フォトリーディングを解説する『あなたもいままでの10倍早く本が読める』（フォレスト出版）を監訳。23万部のベストセラーとなり、勉強ブームを起こす。その他、経営者の心のストレスをプラスのエネルギーに転換するメンタルマネジメント社、心と財産の双方の幸福を実現する起業家大学をはじめとして、６社の経営に参画。

著書『60分間・企業ダントツ化プロジェクト』（ダイヤモンド社）、『非常識な成功法則』（フォレスト出版）等、多数。
●著者ホームページ　http://www.1almac.com/

監修者／來夢《らいむ》

アストロロジャー

心理学を学び、カウンセリング・スクール在学中にルネ・ヴァン・ダール・ワタナベ氏に出会う。天文心理学、ホロスコープカウンセリングを習得し、ルネ・ヴァン・ダール研究所師範科を卒業。

「当たった」「当たらない」という占いではなく、いかにマイナスのエネルギーをプラスに変えるかという実用的な視点から占星学を活用。そのため経営者をはじめとして、より一歩上を目指す、前向き思考のサラリーマン、OL、主婦、学生等、幅広い人を魅了している。

彼女のクライアントの経営者は次々と成功。彼女のカウンセリングに対するリピート率は非常に高い。そのため常に予約でいっぱいな、成功経営者の秘密の指南役である。
●監修者ホームページ　http://www.seasons-net.jp/hantei/

なぜ春《はる》はこない？

2003年4月10日　初版第一刷発行

著　者　神田昌典《かんだまさのり》
監修者　來《らい》　夢《む》
発行者　増田義和
発行所　実業之日本社
〒104-8233　東京都中央区銀座1-3-9
電話　03-3535-2482（編集）　03-3535-4441（販売）
http://www.j-n.co.jp
印刷所　大日本印刷
製本所　石毛製本所

ISBN 4-408-39524-2　（第三）

たの「春夏秋冬」年表

年齢	春	夏	秋	冬	出来事

年	年齢	春	夏	秋	冬	出来事

【記入・活用の方法】

1.まず、年表の「年齢」欄に各年のあなたの年齢を記入します。

2.「出来事」欄に、自分の身に起こった大きな出来事、印象的な出来事、区切りや変化となる出来事などを記入します。

3.記入した出来事を、流れをたどりながらよく眺めます。

4.本書の内容、春夏秋冬の説明に照らし合わせて、各年がどの季節かを推測し、年表の「春・夏・秋・冬」の欄に○印をつけます。(個人の四季サイクルは、各季節3年ずつ計12年の周期で訪れます。それを参考に推測、判定をするとよいでしょう)

5.○印をつけた部分を色分けして塗ってみると、流れがよりわかりやすくなるでしょう。

なお、その後、正確な四季サイクルをお知りになりたい場合には、來夢先生監修の下記ホームページで、占星術の活用により簡単に計算することができます。 http://www.seasons-net.jp/hantei/

キリトリ

キ・リ・ト・リ

あなたの「春夏秋冬」年表

年	年齢	春	夏	秋	冬	出来事

年	年齢	春	夏	秋	冬	出来事

あな

年
1974
1975
1976
1977
1978
1979
1980
1981
1982
1983
1984
1985
1986
1987
1988
1989
1990
1991
1992
1993
1994
1995
1996
1997
1998
1999
2000
2001
2002
2003
2004
2005
2006